서른살에
처음시작하는
달리기

정원진 지음

북하우스

::프롤로그::
서른 살의 달리기

아름답고 불안하고 외로운 '멍 때림' 속에서의 새로운 시작

"이렇게 살 수도 없고 이렇게 죽을 수도 없을 때 서른 살은 온다."

― 최승자, 「삼십세」 중에서

종종걸음으로 길을 걷다, 허겁지겁 밥을 먹다, TV 개그 프로그램을 보며 낄낄대다, 일요일 오전 〈출발 비디오 여행〉이 시작하기를 기다리며 뒹굴거리다, 당신은 문득, 아주 잠시 동안 빈 허공 속의 어떤 것을 본다. 예리한 시선으로, 거리를 뒹구는 비닐봉지가 바람을 따라 하늘로 떠오르는 모습이나, 햇살을 받으며 내려앉는 비둘기의 섬세한 날갯짓이나, 식탁에 놓인 수저에 비친 자신의 얼굴이나, TV 화면에 붙은 파리나 벽에 걸린 못과 같은 것을, 그저 멍하니, 별것도 아닌 사소하고 의미 없는 것을 깊고 그윽한 눈동자로 간절하게. 그렇게 '멍 때리는' 당신은 순간 깨닫는다. 아름답고 불안하고 외로운 '서른 살'이라는 것을.

　　이제 어찌할 것인가. 딱 서른 살이 아니어도 상관없다. 어쩌면 정확한 서른 살은 존재하지 않는다. 그것은 아직 오지 않았거나, 이미 지나갔을 뿐이다. 서른 살의 언저리로 진입하고 있거나 서른 살의 주변부를 서성이고 있다면 당신은 어쨌거나 서른 살일 뿐이다. 그래서 때론 서른 즈음이 더 서른 살답게 다가오기도 한다. '광석이 형' 노래 때문만은 아니다. 그것은 서른 살이 가지고 있는 본질적 속성 때문이다. 그렇다, 서른 살은 실체라기보다 어떤 증후일 수도 있고, 반드시 거쳐야 할 삶의 양상일 수도 있다. 사춘기 만큼 아름답고 미묘하고 불안하며, 앞으로 인생의 터닝포인트가 될 수 있는 서른 살은 우리들이 살면서 한 번은 호되게 앓아야 하는 아름다운 병이자, 세상만사 흘러가는 생의 이치를 깨닫게 되는 과정이다.

　　이렇게 살 수도 죽을 수도 없을 때 찾아오는 서른 살은 인간적이고 낭만적이면서 묘한 향수마저 불러일으킨다. 하지만 오늘날 우리 사회에서 서른 살은 예전처럼 극적이거나 낭만적이지 않다. 오히려 구체적이고 하드보일드하고 때로는 그로테스크하며 시니컬하고 쿨하다. 현실적으로 다양한 문제(취업, 직장, 연봉, 연애, 결혼, 재테크, 건강, 취미 등)에 직면해 있기 때문에 낭만적인 다른 것을 꿈꾸기는 불가능하다.

　　중요한 것은 서른 살이라는 상황이 아니라 시작이라는 행위다. 이러지도 저러지도 못하는 서른 살의 당신이 직면한 다양한 고민과 문제로부터 무엇인가를 시작해야 한다는 것. 그것이 핵심이다. 시작, 말만 들어도 설레는가. 가슴이 울렁거리고 약간의 멀미 기운이 느껴지는가. '서른 살'과 '시작'이라는 단어에서 가벼운 현기증과 같은 신체적 거부반응을 느낀다면 당신은 지극히 정상적인 서른 즈음의 인간이다. 서른 살이 가져다주는 불안, 걱정, 두려움을 외면하지 말자. 오히려 불안, 걱정, 두려움이 혼재된 상태는 당신이 제대로 서른을 시작할 준비가 되었음을 알리는 긍정적 신호다. 혼돈과 어지러움 속에서 당신이 무엇인가를 선택하여 첫발을 내딛는다면 당신은 이미 서른 살의 진면목을 반쯤은 완성해가고 있는 것이다. 서른 살의 가치와 미덕은 '멍 때림' 그 자체가 아니라 '멍 때림'의 아득하고 불투명한 지평에서 무언가 불쑥 솟아올라 환하게 빛나는 순간이다. 바로 그 순간을 만날 때 당신은 그토록 원하던 어떤 것을 시작하게 된다.

서른 살의 당신이 간절히 꿈꾸고 갈구하고 욕망하는 것, 그것을 찾아 삶을 풍요롭게 만들며, 자아를 실현하고 인생의 목적을 달성하기 위해서는 육체적, 정신적으로 준비를 해야 하고 단련을 해야 한다.

그러면 어떻게 서른 살인 당신의 육체와 정신을 즐겁고 유쾌하게 단련시킬 수 있을까. 여기 가장 기본적이고 원초적인 달리기가 있다. 모든 운동의 기초운동인 달리기. 가벼운 조깅이나 러닝에서부터 먼 골인지점처럼 보이는 마라톤까지, 달리기는 한마디로 인생의 내공을 쌓는 가장 기본적이면서도 본질적인 방법이다.

달리기는 특별한 준비도, 어떤 장비도 없이 언제 어디서나 할 수 있다는 점에서 기본적이고, 오로지 혼자만의 힘으로 세상과 만난다는 점에서 본질적이다. 내공은 누가 대신 주입해주지 않는다. 정직하게 땀을 흘려 얻지 않으면 그것은 거짓이다. 달리기는 매우 정직한 육체적, 정신적 활동이고 그에 따른 정직한 육체적, 정신적 반응이다. 그래서 달리기 혹은 마라톤을 인생과 닮았다고 하는지 모른다.

서른 이후의 삶이 요구하는 굽이굽이 곡절과 희로애락을 고스란히 감당하고 제대로 누리기 위해서는 일정한 내공이 필요하다. 싫든 좋든 삶의 성숙이란 그런 과정을 요구한다. 달리기는 그러한 내공을 얻을 수 있는 가장 이상적인 단련방법이다. 달리기는 서른 살인 당신 앞에 놓인 총체적인 문제를 점검하여 문제해결의 실마리를 풀 수 있는 정신적, 육체적인 기초체력을 만들어준다. 또한 건강한 정신과 육체가 누릴 수 있는 감각적 쾌락의 본바탕을 제공한다.

서른 살의 달리기는 아름답고 불안하고 외로운 '멍 때림' 속에서 찾아야 하는 새로운 시작이다. 그 시작은 긍정적 중독이 되어 당신을 새로운 세계로 인도하며, 늘 새롭게 변모하는 자신을 만나게 한다. 그리하여 미래에 대한 불안을 떨쳐내고 서른 살의 당신이 확고한 자신감과 믿음으로 인생을 새롭게 도전하게 만든다.

구체적으로 서른 살의 달리기는 효과 확실하고 부작용 없는 다이어트로 당신 몸에 잠재된 선(線)과 각(角)을 오늘에 되살려 개인적으로는 아름답고 건강한 신체에 이바지할 것이며, 사회적으로는 비만과 합병증에 따른 의료보험재정의 적자를 걱정하는 정부의 고민을 덜어줄 것이다.

또한 직장이나 가정에서 쪼이고 치받히는 당신의 스트레스를 아주 경제적인 방법으로 화끈하게 풀어주고, 언제나 무겁고 찌뿌듯한 몸을 적절한 강도로 자극하고 긴장시켜 가볍고 상쾌한 상태로 만들어준다. 그리하여 밥상 앞에서 언제나 깨작깨작하는 당신의 어정쩡한 식욕에 불을 지펴 돌아온 입맛의 즐거움으로 세 치 혀의 감각을 만끽하게 만들며, 나아가 혈기방장한 힘과 체력으로 중국산 가짜 비아그라와 씨알리스의 불필요성을 체감하여, 그것의 근절에 앞장서는 계기가 될 것이다. 나아가 정신적, 육체적 건강을 되찾은 서른 살은 마침내 그들이 가진 개성을 창조적으로 되살려 다양한 지식과 정보, 문화가 꽃피는 백화제방의 신시대를 도래케 할 것이다.

서른 살의 달리기가 가져다주는 육체적, 정신적 즐거움과 이익은 이루 다 말할 수 없다. 그러나 그것은 달리기를 통해 얻게 되는 부수적인 결과물에 지나지 않는다. 달리기의 진짜 매력과 가치는 바로 당신을 지속적으로 달리게 한다는 점이다.

한 가지 명심해야 할 것은 바로 지금 서른 살인 당신이 달려야 한다는 사실이다. 그리고 달리기가 당신의 몸에 '착' 하고 붙을 때까지 어쩌면 귀찮고 지루하고 재미없는 원초적인 달리기를 계속해야 한다는 점이다. 그렇게 서른 살인 당신이 달리는 즐거움에 빠지게 되어 5킬로미터, 10킬로미터, 21킬로미터, 마침내 지상에서 가장 아름다운 도전이라 불리는 마라톤 풀코스를 인생에서 단 한 번만

이라도 완주하게 된다면 당신은 체력적으로나 정신적으로 '진짜 인생'을 맞이할 준비가 된 것이다. 그리하여 험난한 세상이 던지는 온갖 시련과 고난에도 굴하지 않고 한 발 한 발 앞으로 나아갈 수 있는 용기를 얻게 될 것이다.

  자, 시작하자. 걱정할 것 없다. 서른 살인 지금이 적기다. 지금 시작하지 않는다면 또 언제 시작할 것인가. 마흔, 오십, 육십… 단언컨대 미루면 미룰수록 더 달리기 힘들어진다는 사실을 마음에 새겨야 한다. 달리기를 포기하는 것은 지상에서 인간이 할 수 있는 가장 즐거운 행위 중 하나를 포기하는 것과 같다. 그러니 지금 바로 길 위로 나서라. 당신의 변화는 말이 아닌 행동이다. 인생의 불확실성에서 변화와 모험과 새로운 시작을 갈구하는 서른 살이라면 지금 당신이 서 있는 그곳에서 당신의 달리기는 시작되어야 한다.

차 례

프롤로그 ● 4

서른 살 달팽이 씨는
왜 달리기를 시작했을까?

- 01 달팽이 씨, 달리기로 결심하다 ● 16
- 02 텅 빈 운동장에 서다 ● 23
- 03 걷기와 달리기, 현대인의 필수 옵션 ● 30
- 04 달리기가 주는 건강 ● 35
- 05 배설로서의 달리기 ● 40
- 06 내 몸에 잠든 각과 선을 살리는 달리기 ● 44
- 07 달리기와 본능 ● 50
- 08 섈 위 댄스, 우리 함께 달리지 않을래? ● 55
- 09 하늘로 도약하는 달리기 ● 62
- 10 달리기를 하면 듣게 되는 말들 ● 67
- 11 서른 즈음, 당신이 달리지 않는 이유 ● 74
- 12 경고! 담배와 달리기 ● 83
- 13 서른, 누구도 당신을 위로할 수 없을 때의 달리기 ● 88
- 14 불안 속에서의 달리기 ● 92
- 15 취미로서의 달리기 ● 97
- 16 달리는 달팽이 씨, 김과장과 화해하다 ● 103
- 17 달리기, 몸의 노래를 듣는 시간 ● 107
- 18 행복으로 향하는 달리기 ● 111

서른 살 달팽이 씨는 어떻게 달릴까?

- 01 서른 살에 내딛는 달리기의 첫발 ● 118
- 02 달리기를 위한 시간과 공간 찾기 ● 124
- 03 발, 러닝화, 그리고 달리기 ● 129
- 04 달리기용 의류와 용품 ● 135
- 05 초보 러너의 30분 달리기 ● 139
- 06 걷기와 달리기의 올바른 자세 ● 146
- 07 워밍업과 쿨링다운 그리고 스트레칭 ● 150
- 08 달리기와 웨이트트레이닝 ● 156
- 09 다양한 달리기 훈련방법 ● 161
- 10 달리기의 과유불급 ● 167
- 11 달리기와 부상 ● 171

달팽이 씨의 즐거운 달리기

01 조(朝)깅과 야(夜)깅의 즐거움 ● 182
02 우중 달리기의 우화 ● 189
03 더불어 함께 달리는 즐거움 ● 195
04 달리면서 음악 듣기 ● 201
05 달리기로 출근하기 ● 204

서른 살, 내 인생의 첫 마라톤

초보 러너에서 마라톤 완주까지

01 도전, 영원한 젊음의 안식처 ● 212
02 단지 42.195킬로미터를 달리고 싶을 뿐이야 ● 218
03 봄의 변화 그리고 부상 ● 224
04 겨울, 시련의 계절 ● 230
05 중간점검, 하프마라톤 ● 234
06 내 인생의 첫 마라톤 ● 240

에필로그 ● 248

부록   팀 녹스의 초보자 마라톤 풀코스 훈련 프로그램 ● 252
아트 리버만의 초보자 마라톤 풀코스 훈련 프로그램 ● 253
표준 마라톤 페이스 스케줄 ● 254
보스턴마라톤 ● 255
사하라사막 마라톤과 오지 마라톤 ● 256
달리기 및 마라톤 관련 사이트 ● 257
알아두면 좋은 달리기와 마라톤 용어 ● 258

01
달팽이 씨,
달리기로 결심하다

이런 날이 올 줄은 정말 꿈에도 몰랐다. 변한 건 없는데 변해야 한다. 그래야 산다는 생각이 아니, 직감이 본능처럼 밀려왔다. 간밤에 신나게 달린 숙취에서 깨어나 지그시 바라보는 일요일 아침 햇살이 예전처럼 아늑하고 평화롭게 다가오지 않았다. 단지 속이 쓰리고, 머리가 아파서가 아니었다. 지금껏 모든 상황을 익숙하게 받아들이게 만들고, 모든 행동의 적절한 이유와 핑계를 들어 다분히 주관적으로 합리화시키던 내부 프로세스에 빨간불이 들어왔다. 작은 나사못 하나가 빠져 기계의 모든 기능을 마비시키듯 아주 작은 부주의나 착오가 의식의 올바른 기능을 퇴화시키고, 나아가 앞으로의 인생을 원하는 그림처럼 살 수 없게 만들지도 모른다는 위기감이 몰려왔다. 도대체 뭘까? 저 햇살이 지금 나에게 속삭이고 있는 것은?

살면서 한번쯤은 심각하게 지금까지의 인생을 전반적으로 재검토해봐야 하는 순간을 맞게 된다. 특별한 이유도 없이 말이다. 특별한 이유가 있다면 그것이야말로 이미 아주 위험한 상황에 놓여 있거나, 매우 위급한 상태로 진입할 가능성이 농후하다는 증거로 그다지 환영할 만한 일은 아니다. 그러니 특별한 이유 없이 사는 것이야말로 즐겁고 순탄한 인생이라고 할 수도 있다. 특별한 이유가 발생하지 않는 한, 삶을 전반전으로 심각하게 재검토하는 일은 좀체 일어나지 않는다. 일테면 갑작스럽게 암과 같은 심각한 진단을 받는다거나, 치명적인 사고를 겪는다거나, 세상에 둘도 없이 믿었던 애인이 갑자기 고무신 거꾸로 신고 이별을 고하거나, 간 쓸개 다 빼놓고 충성을 다한 직장에서 하루아침에 쫓겨나거나, 그런 등등의 예외적이고 특별한 이유 없이 어느 일요일 아침 숙취에서 깨어나 인생을 전반적으로 재검토한다는 게 있을 법한 일인가.

하지만 특별한 이유가 없어도 늘 무엇인가 가슴 깊은 곳에 걸쩍지근하게 남아 있는 게 있다. 마음속의 가시처럼. 그래서인지 문득문득 떠오르는 것도 있다. 정확히 그게 무엇인지 알 수 없지만 말이다. 화장실 변기 위에 앉아 괄약근에 힘을 주다가, 면도를 하다가, 이빨을 닦다가, 출퇴근 지하철 손잡이에 매달려 흔들거리며 그네를 타다가, 아무도 없는 빈 사무실에서 야근을 하며 커피 한 잔을 들고 멍하니 유리창에 비친 자신의 모습을 볼 때, 리모컨을 손아귀에 쥐고 스카이TV 채널 검색으로 공휴일의 시간을 소모해버리고 있을 때, 더 이상 애인과 만나도 그만 아니 만나도 그만이라는 생각이 들 때, 불현듯 수면 위로 부상하는 마음속의 가시. 그렇게 마음속의 가시와 마주하여 '멍 때릴' 수밖에 없는 시간들.

 잘 살고 있지? 허걱, 달팽이 씨는 놀라지 않을 수가 없었다. 마음속의 가시가 자신에게 말을 걸어오다니. 뭉기적뭉기적, 이리 둥글 저리 둥글, 방바닥에서 천연암반수를 뚫고 있던 일요일 오전, 달팽이 씨는 마음속의 가시 때문에 벌떡 일어섰다. 과연 나는 잘 살고 있는 걸까? 내가 원하는 삶은 어떤 것이었지? 어떻게 살아야 잘 사는 걸까? 이런 질문이 과연 필요한 걸까? 괜히 쓸데없는 질문으로 인생 피곤하게 만드는 건 아닐까? 갑자기 자신을 둘러싸고 있는 모든 것들이 혼란스러워지고 종잡을 수가 없었다. 습관처럼 담배를 물고 불을 댕겼지만 마음은 진정되지 않았다. 이놈의 담배부터 끊어야 해. 정말 끊을 수 있을까. 담배를 비벼 끄고 심호흡을 했다. 심호흡을 하고 있자니 한 가지가 분명해졌다. 움직여야 한다, 의식적으로. 그리고 변해야 한다, 적극적으로. 마음속의 가시를 어떻게 뽑아야 할지 모르겠으나 일단 움직여야 한다.

 이런 생각으로 달팽이 씨는 무작정 옷을 갈아입고, 운동화 신고, 모자를 눌러 쓰고, 집을 나섰다. 그러나 대문 밖을 나서자마자 후회와 짜증이 밀려왔다. 어디로 가야 할지, 뭘 해야 할지 도무지 갈피가 잡히지 않았다. 그냥 다시 들어갈까, 생각했지만 애써 나온

게 아까웠다. 누군가 그러지 않았던가. 이 세상에서 가장 어려운 일은 자신의 문지방을 넘는 것이고, 일단 문지방을 넘어 밖으로 나왔다면 그다음부터는 아무것도 아니라고. 이왕 문지방 넘어 나왔으니 다 잘될 거야. 스스로를 독려하며 한 발 한 발 발걸음을 내디뎠다.

역시 안 하던 짓을 하려고 하니 어색했다. 어딘지 모르게 부자연스럽고 거추장스러워 자꾸 주변 사물이, 남들의 시선이 신경 쓰였다. 하지만 그것도 잠시, 눈에 들어오는 것들이 제법 신선하게 다가왔다. 수없이 봐왔을 풍경이었음에도 이상하게 새로운 느낌으로 다가왔다. 그렇게 일없이 걷고 있자니 이래저래 드는 생각들이 많았다. 일, 돈, 연애, 성공, 시험, 술과 담배, 건강, 미래, 꿈 등등의 잡다한 생각들과 맥락에 관계없이 뒤엉키는 연상들. 그리고 마음속의 가시. MP3 플레이어라도 가지고 나올 걸 그랬나, 이거 좀 밋밋한데.

그때였다. 살짝 달려볼까? 달린다, 달려. 그러고 보니 달린다는 게 무엇인지 머리로는 충분히 이해가 되었지만, 몸은 달리기의 감각을 까마득히 잊고 있었다. 언제였더라, 달리기를 했던 때가. 기억을 거슬러 올라갔다. 멀게는 초등학교 가을운동회 달리기 시합에서 가장 먼저 결승점에 들어와 손목 위에 일등 도장을 받던 시절과 중·고등학교 체력장 100미터 달리기의 출발신호를 기다리던 오금이 저리도록 오줌이 마렵던 그 순간과, 가깝게는 머리 박박 깎고 입대한 훈련소 연병장에서 웃통 벗고 군가를 부르며 달리던 새벽구

보, 그리고 언제였는지 가물가물하지만 뒤돌아가던 그녀를 붙잡기 위해 술에 취한 채 밤거리를 달리던 기억. 하지만 그 모든 기억들은 너무 오래되어 아득했다.

까짓것 죽기야 하겠어, 달려보지 뭐. 그렇게 무작정 달리기 시작했다. 하지만 얼마 뛰지 못해 '난타' 공연하듯 심장이 쿵쾅거리고, 압력밥솥 딸랑거리듯 호흡이 거칠어지기 시작했다. 순간 떠오르는 단어, '돌연사'. 서른이라는 한창 꽃다운 나이에 정말 이렇게 갈 수도 있겠는걸. 이런 생각을 하고 있으니 걱정이 아니라 비참해졌다. 멈추어 섰다. 나무를 붙잡고 서서 허리를 꺾고 숨을 골랐다. 이 지경까지 몸을 방치해두고 있었다는 자괴감이 파도쳤다. 이마에는 땀이 송글송글 맺혔고, 서츠는 젖어 있었다. 숨을 몰아쉴수록 무엇인가 뚜렷해지는 것 같았다. 그것은 패배였다. 예상치 못한 패배가 처음에는 당혹스러웠다. 인정할 수가 없었다. 그러나 그것은 어쩔 수 없는 사실이었다. 제기랄… 여기서 달리기를 그만둔다고 해도 뭐라고 할 사람은 없었다. 지금까지 그래왔듯 평소처럼 달리지 않고도 잘 살면 그만이었다.

그러나 달팽이 씨는 다시 달리기 시작했다. 처음과는 달리 속도를 줄였다. 자신이 감당할 수 있는, 지속가능한 스피드로. 천천히 앞을 내다보며 달려나갔다. 이마의 땀을 씻어가는 바람이 시원했다. 점차 호흡도 안정이 되는 것 같았다. 왠지 모르게 기분이 좋았다. 그것은 패배를 인정하는 데서 비롯된 새로운 시작이었다. 달팽이 씨가 달리기로 결심한 이유는 단 한 가지였다. 지금 달리지 않으면 앞으로 영원히 달리지 못할지도 모른다는 두려움. 그렇게 달리고 있잖니. '잘 살고 있지?'라고 무시무시한 질문을 던지는 마음속의 가시를 어쩌면 달리기를 통해 뽑아낼 수 있지 않을까 하는 생각이 들었다.

02
텅 빈 운동장에
서다

알람 소리에 눈을 떴다. 새벽 6시. 달팽이 씨는 알람을 끄고 다시 이불을 뒤집어썼다. 한 시간은 더 잘 수 있다고 생각하니 이불 속에 고인 어둠이 아늑하고 달콤하게 다가왔다. 그러나 이불 밖에서 밝아지고 있는 새벽 창가의 희미함이 그만 일어나야 한다고 다소 신경질적인 목소리로 의식의 각성을 촉구했다. 일어나야지. 일어나야 한다는 거 잘 알잖아. 어서 좋은 말로 할 때 들어. 약속 안 지킨 게 오늘로 몇 번째인지 알아?

달팽이 씨는 부르르 치를 떨며 일어났다. 입안에서 살살 녹아 넘어가고 있는 달콤한 각설탕 같은 잠을 억지로 토해내듯이. 그러고 나서는 입맛을 다시며 운동복을 챙겨 입었다. 달팽이 씨가 달리기로 결심한 이후 새벽마다 계속되는 실랑이였다. 기껏해야 일주일에 두 번, 한 시간 정도 동네 초등학교 운동장을 달리는 게 이토록 힘겹고, 뼈를 깎는 고통이 될 줄은 미처 생각지도 못했다. 스스로 운동의 필요성에 동의했고, 그래서 달리기로 결심했을 뿐이었다. 상황과 조건을 검토해서 달리기의 실천 가능한 범위를 정했다. 일주일에 두 번은 가능하지 않을까. 무조건 가능하게 만들어야 해. 그리고 한 시간 정도는 가볍게 달릴 수 있을 거야. 달릴 수 없으면 걷기라도 하지 뭐. 그랬는데 이건 스스로의 결심이 아니라 자학에 가까웠다. 잠에서 깨는 것마저도 이제 그만 허위 약속을 자백하라는 지상 최고의 고문기술자의 잔인하고 현란한 고문처럼 다가왔다. 왜 이런 미친 짓을 하기로 결심했는지 도무지 이해가 가지 않았다.

새로운 세계는 늘 문지방 너머에 존재한다. 문지방 너머에 존재하는 새로운 세계로 진입하기 위해서는 당연히 문지방을 넘어야 한다. 문지방을 넘는 행위는 일종의 고통을 감내하는 일이다. 익숙한 습관과 편견 그리고 몸에 자연스레 밴 안주와 나태를 떨어낸다는 건 말처럼 쉬운 일이 아니다. 그래서 적정한 자극의 강도가 필요하다. 견딜 수 있는 자극에서 시작해서 차츰차츰 그 강도를 높여나갈 필요가 있다. 처음부터 과부하를 걸면 애초에 몸 부실하고 의지박약한 달팽이 씨 같은 이들은 시작도 하지 못하고 포기한다. 마침내 문지방을 넘어서면 그곳에서 새로운 세계, 미지의 영역과 만나게 된다. 그 새로운 감각과 경험은 그간의 좌절과 고통을 상쇄시킬 만큼 놀라운 희열과 깨달음을 전해준다.

투덜거리던 달팽이 씨가 운동화를 신고 대문을 열고 나가 들이쉬는 새벽공기가 점차 참을 수 없는 고통에서 참을 만한 고통으로 바뀌어갔다. 언제부터인지 달리기가 조금씩 희열을 가져다주고 있음을 달팽이 씨는 희미하게 의식하게 되었다.

달팽이 씨는 채 어둠이 가시지 않은 동네 초등학교 운동장에 들어섰다. 철봉과 미끄럼틀이 있는 운동장 한구석에 서서 여태지지 않은 새벽달을 물끄러미 올려다봤다. 이른 아침의 한기가 몸을 덮쳐왔다. 장갑을 끼고 나오기를 잘했다는 생각이 들었다. 한기를 쫓기 위해서라도 서둘러 몸을 움직일 필요가 있었다. 심호흡을 한 후 이른바 '국민체조'라 일컫는 스트레칭을 제멋대로이긴 하지만 정성들여 시작했다. 처음에는 기껏 몸 푸는 맨손체조가 얼마나 힘들고, 중요하겠냐고 생각했지만 막상 준비운동을 정성껏 하면서부터 인식이 달라졌다. 팔 뻗기나 허리 굽히기 같은 별것 아닌 움직임도 심혈을 기울여 하면 금세 콧등에 땀이 맺혔다. 서서히 눈에 익숙해진 어둠속에서 운동장 주변을 빠른 걸음으로 돌고 있는 워킹족 아주머니와 아저씨 들이 보였다. 몸을 푼 후 달팽이 씨는 시계를 보며 남은 시간을 확인했다. 7시가 되려면 40여 분이 남았다. 남은 시간 동안 운동장을 몇 바퀴 돌 수 있을지 가늠해보았다. 오늘은 200미터 트랙을 열 바퀴 돌 작정이었다. 심호흡을 한 후 발을 내디뎠다.

텅 빈 운동장에 처음 섰을 때가 떠올랐다. 변화에 대한 예감에 사로잡힌 새벽, 스트레칭도 없이 무작정 운동장을 달려나가던 그

때는 얼마 뛰지도 못해 운동장을 터벅터벅 걸어야 했다. 그렇게 걷다 뛰기를 반복했다. 그러나 지금은 달리는 게 비교적 자연스러워졌다. 그리 긴 시간은 아니지만 더 이상 걷지 않고도 계속해서 운동장을 달릴 수 있게 되었다. 물론 이렇게 되기까지 치러야 할 과정이 있었다. 처음부터 무리하게 달리기만을 고집했다면 아마 여기까지 오지 못했을지도 몰랐다. 몸이 잃어버린 달리기의 감각을 찾기 위해서는 먼저 걸어야 했다. 운동 삼아 달리기로 마음먹었는데 시작부터 걸어야 한다는 게 내키지 않았지만, 몸이 거부하니 어쩔 수 없었다. 왠지 쪽팔렸다. 더구나 느긋한 걸음으로 운동장을 돌고 있을 때 보무도 당당하게 팔을 휘저으며 추월해가는 파워워킹족 아주머니의 힘찬 발걸음은 처음으로 낯선 세계에 들어선 이의 사기를 꺾어놓기에 충분했다. 그와 동시에 운동과 달리기에 대한 새로운 자각과 의욕을 불러일으켰다. 운동장 한 바퀴를 걷고, 한 바퀴를 달리고, 그렇게 걷기와 달리기를 반복하며 달리기는 시작됐다.

    운동장 열 바퀴를 돈 달팽이 씨는 집으로 돌아가며 왠지 모르게 흐뭇했다. 기분이 좋았다. 매번 일어나기가 힘들고 짜증날 뿐이지, 아침운동 삼아 달리기를 하고 나면 몸이 가벼워지는 걸 느낄 수 있었고, 생명력과 활기로 몸과 마음이 충만해지는 것 같았다. 특히 월요일 아침운동은 새로운 한 주가 시작되는 날의 우울과 짜증을 몰라보게 감소시켰다. 더 이상 '블랙 먼데이'는 없었다. 아니 블랙 먼데이에서 비롯된 우울과 짜증이 있었다 해도, 예전처럼 세상이 다 끝난 것같이 묵직하게 찾아오지는 않았다. 일주일에 두 번, 월요일과 목요일에 달리기로 정한 건 정말 잘한 일이었다. 비가 오거

나 전날 과음을 했거나, 특별한 일이 생기면 어쩔 수 없지만, 되도록이면 월요일과 목요일 아침을 고수하려고 했다. 기본적으로 일주일에 두 번 운동장을 달리는 게 목표였고, 정한 요일이 아니더라도 목표를 채우려 노력했다.

월요일 아침 달리기는 특히 힘들다. 아늑한 휴일의 여파와 미처 풀지 못한 피곤함 속에서 다가오는 새로운 한 주의 부담(밀린 업무 처리, 약속, 잊고 있던 걱정 등등) 때문에 더 그렇다. 하지만 이 짜증나고 힘든 것을 의식적으로 한 다음부터 조금씩 변하는 게 있었다.

월요일 새벽에 일어나기 위해서 적정한 일요일 활동량을 생각하지 않을 수 없었고, 그런 생각 때문에라도 일찍 잠자리에 들어야 했다. 또한 전처럼 TV 앞에서 내일 업무의 짜증과 부담을 잊으려고 축구경기 관람에 몰두하는 일이 확실히 드물어졌고, 일없이 인터넷 서핑으로 일요일 밤 시간을 죽이는 빈도도 현저히 줄어들었다. 물론 늦은 일요일 밤에 유럽 축구경기에 환호하며(한국선수들의 선전을 기원하며) 홀짝이는 맥주의 시원함과, 내일의 걱정을 뒤로하고 아작아작 씹을 수 있는 오징어 다리의 풍미는 언제나 참기 힘든 유혹이었다. 하지만 새로운 한 주의 일을 자연스럽게 떠올려보고 생각할 수 있는 시간을 갖게 되는 월요일 아침 달리기가 절실히 필요하다는 것을 몸이 서서히 깨닫고 있었다. 운동 후에 맛보는 활력과 자신감과 긍정적 사고는 또 한 주를 '개길' 수 있는 자양분이 되기에 충분했다. 그러니 또 한 주를 무사히 개기기 위해서라도 월요일 아침 달리기를 해야 한다는 것을 몸이 알고 있었고, 몸이 그것을 요구했다.

늘 월요일 아침이면 시간에 쫓겨 아침밥을 뜨는 둥 마는 둥 할 수밖에 없었는데, 새벽에 일찍 일어나면서 좀더 여유로워질 수 있었고, 운동을 하면서부터는 돌아온 감칠맛 나는 식욕으로 어머니가 퍼주는 따뜻한 아침밥 한 공기를 가뿐히 비우고 출근할 수 있었다.

이런 생각을 하다 문득 달팽이 씨는 좀더 멀리, 좀더 오래, 좀더 자주 달리고 싶은 욕망을 느꼈다. 도대체 이 뜬금없는 욕망이 어디서 어떻게 비롯되었는지 알 수 없었다. 달리기가 조금씩 좋아졌다. 그리고 좋아하는 걸, 더 오래, 더 자주 하고 싶다는 생각이 들었다.

03
걷기와 달리기,
현대인의 필수 옵션

얼마 전 달팽이 씨는 생신을 맞은 어머니에게 기능성 운동화를 선물했다. 국민건강관리공단에서 지정한 병원에서 골밀도
검사를 받은 어머니가 의사의 권고에 따라 조심스럽게 걷기 운동을 시작했기 때문이었다.

"걷기가 골다공증에 좋다고 그러더구나. 이참에 운동장에 나가 살살 걸어야겠다."

마사이족의 맨발 노하우를 현대 과학기술로 승화시킨 기능성 운동화의 가격은 마사이족의 맨발 노하우만큼이나 놀라웠다. 신어야 하는 게 아니라 들고 다녀야 할 정도로 비싸다는 어설픈 농담에 매장 직원은 단순히 신발이 아니라 의료보정기구라 하며, 유럽에서 의료 특허까지 받은 제품임을 강조했다.

"이건 신발이 아니라 의료 과학이죠."

이제 걷기는 단순한 걷기가 아니다. 걷기는 운동이며, 나아가 자가의료행위다. 어찌되었든 달팽이 씨는 새벽에 운동장을 달리고, 그의 어머니는 운동장을 걷는다.

달리고자 하는 이들은 반드시 먼저 걸어야 한다. 그리고 걸을 수 있다면 기본적으로 달릴 수 있다. 물론 걷기가 달리기의 충분조건은 아니다. 걷기는 달리기의 필요조건이다. 걷는 모든 이들이 달릴 수 있는 것은 아니다. 그러나 달리는 모든 이들은 걸을 수 있다. 보정기구나 의식적인 노력 없이 자연스럽게 걸을 수 있다면 누구나 달릴 수 있다.

흔히들 워킹walking, 조깅jogging, 러닝running으로 걷기와 달리기를 구분하여 말한다. 워킹은 걷기, 조깅은 천천히 달리기, 러닝은 빠르게 달리기. 걷기 안에서도 그 목적이나 동작의 특성에 따라 일상생활에서의 걷기, 건강을 목적으로 하는 운동으로서의 걷기, 도보여행을 목적으로 한 걷기, 경주를 위한 걷기 등으로 나눌 수 있다. 달리기도 크게 건강을 위한 달리기와 경주를 위한 달리기로 구분할 수 있다.

구분		내용
워킹 (걷기)	일상적인 걷기 적극적인 걷기운동 경쟁적인 걷기경보	분당 100m 이하의 속도 분당 100~120m 정도의 속도 분당 200m 정도의 속도
러닝 (달리기)	건강을 위한 달리기조깅	분당 100~120m 정도의 속도
	경쟁적인 달리기 단거리 달리기 중거리 달리기 장거리 달리기 초장거리 달리기	100m, 200m, 400m 800m, 1500m 3000m, 5000m, 1만m, 마라톤 울트라마라톤 100km, 100마일

– 일본러닝학회, 『건강달리기-달리면 달라진다』 중에서

눈을 감고 한 발을 내디뎌보자. 허공을 가르는 발과 땅을 밟고 서 있는 발의 균형감각. 걷기는 인간이 자신의 몸을 움직여 공간을 지각하게 되는 가장 원초적인 행위다. 그리고 그 원초적 행위에는 많은 의미들이 담겨 있다. 한 발을 내딛는 이 단순한 동작에는 인체의 모든 뼈 중 4분의 1에 해당하는 뼈(발 하나에 각각 27개의 뼈가 있음)가 작동하는 고도의 메커니즘이 숨겨져 있다. 이 직립보행의 메커니즘은 인류 진화의 시작이었다고 해도 과언이 아니다. 미지의 세계에 내딛는 첫발, 아폴로 11호 우주선을 타고 달에 간 닐 암스트롱이 달에 찍은 첫 발자국 또한 직립보행이 만든 위대한 결과물 중의 하나다.

최초의 원인(原人)이 직립보행을 시작한 지 2~4백만 년 후 원인들은 도구를 만들었고, 6백만 년 후인 약 10만 년 전에는 우리와 같은 인류인 호모사피엔스가 등장했다. 직립보행은 인간과 유인원

을 구분해주는 해부학적 특징을 만들어냈으며, 이 해부학적 특징은 직립보행의 근간이 된다. 직립보행으로 손을 자유롭게 쓸 수 있어 도구를 만들었으며, 35퍼센트의 칼로리를 절약하게 만들어 남는 칼로리를 뇌에 공급할 수 있었다. 또한 직립보행은 걷기와 말하기를 동시에 할 수 있는 능력을 키워주었다. 인류는 원래 사족(四足) 보행을 위해 만들어진 골격으로 힘겹게 두 발로 직립보행을 하면서 오랜 세월을 견뎌온 것이다.

직립보행은 인류의 시작이었다. 그리고 그것은 앞으로 인간이 인간으로 남을 수 있는 유일한 비밀의 문일지도 모른다. 고요한 숲과 산과 강가와 해변뿐 아니라 골목길을 포함한 수많은 길과 도로와 빌딩 사이를 걷지 않는 인간이 과연 인간일 수 있을까. 물론 많이 걷는다고 더 훌륭한 인간은 아니겠지만 걸을수록 더 인간적인 인간이 되지 않을까. 아무튼 직립으로 이어진 진화의 결과는 자연스레 수긍이 간다. 그러나 해부학적으로 몸에 맞지도 않고, 고통을 겪어야만 되는 직립의 진짜 이유는 뭐였을까? 하늘? 초월? 이상?… 아무튼 인간은 두 발로 서서 걷기 시작하면서 마침내 두 발로 달리기 시작했다.

04
달리기가 주는
건강

달리기는 정신적이고 육체적인 활동이다. 정신적이고 육체적인 즐거움을 주는 동시에 몸과 마음의 건강을 이상적으로 조화시킨다. 그래서 달리기의 매력에 빠진 많은 이들은 달리기가 삶의 질을 향상시키고 풍요롭게 만든다고 침이 마르도록 이야기한다. 어떤 이들은 달리기가 수명을 연장시키는 좋은 방법이라고 말하기도 하는데, 최근 연구 자료에 의해서도 운동능력은 수명을 예측하는 가장 강력한 지표(흡연, 당뇨 또는 고혈압 여부보다 더 강력한 지표)라고 발표되기도 했다.

하지만 달리기를 하는 이유가 단지 오래 살기 위해서는 아니다. 달리기를 통해 건강해지고 수명이 연장되는 것은 어디까지나 자연스럽고 부수적인 효과일 뿐이다. 중요한 것은 생의 양이 아니라 삶의 질이다. 무라카미 하루키는 그의 달리기 회고록인 『달리기

를 말할 때 내가 하고 싶은 이야기』에서 "우리는 결코 오래 살기 위해 달리는 게 아니다. 설령 짧게 살 수밖에 없다 하더라도, 그 짧은 인생을 어떻게든 완전히 집중해서 살기 위해 달리는 것이다"라고 했다. 그러면 달리기가 몸과 마음에 각각 어떻게 좋은 영향을 미쳐 삶의 질을 높이는지 살펴보자.

달리기가 몸에 이로운 점

1) 혈압을 적정 수준으로 유지할 수 있다.
   정기적인 달리기로, 혈압을 조절하는 데 관여하는 모든 요소들인 혈관의 크기와 수, 탄력이 증가한다. 혈액의 질이 더 좋아진다. 정규적인 달리기로, 당신의 피에서 백혈구, 혈색소, 혈장이 증가한다. 적혈구 양이 증가하면 피의 산소 운반 능력이 향상된다. 혈장 부피의 증가는 운동하는 근육의 부피를 확장시킨다.
2) 당뇨병을 예방한다.
   정기적인 달리기는 혈당을 근본적으로 조절할 수 있다.
3) 암을 예방한다.
   모든 운동이 그렇듯이 지속적인 달리기와 운동은 대장, 유방, 생식기의 암 발생률을 감소시킬 수 있다.
4) 건강한 임신을 하게 한다.
5) 혈중 지질의 양상을 좋게 한다.
   모든 형태의 정기적인 운동은 혈중 지질의 양상을 좋게 한다. 유산소운동은 지방을 에너지로 전환하기 위하여 몸에 있는 지방을 모아서 그것을 간으로 운반하기 때문에 좋은 콜레스테롤은 높이고 나쁜 콜레스테롤은 낮춘다.

6) 면역력을 향상시킨다.
7) 심장을 더 강하게 한다.
    근육처럼 심장은 일을 많이 하면 더 커지고 더 강해진다. 정기적인 달리기는 심장이 더 효율적이 되도록 도와준다.
8) 폐를 더 튼튼하게 한다.
    달리기는 천식과 폐기종을 감소시킨다.
9) 근육 상태를 향상시킨다.
    정기적인 운동으로 근육의 수축력과 모양이 발달되어 몸은 더 멋있어진다.
10) 뼈를 더 강하게 한다.
    골다공증은 골 밀도의 심한 감소로 인하여 뼈가 약해지는 상태이고, 그것은 자주 골절을 일으킨다. 건강한 달리기와 운동은 뼈의 무기질이 손실되는 것을 방지한다.
11) 수면의 질을 높인다.
12) 체중을 조절한다.
13) 노화의 영향을 감소시킨다.
정기적인 운동은 골격근과 심장 강도와 지구력을 증가시킨다. 연구 결과에 의하면 운동은 기대수명을 증가시키고 노년의 기능적 능력을 향상시킨다.

— 제리 린치 · 와렌 스코트, 『나를 향해 달린다』 중에서

'달리기의 제왕'이라는 말 그대로 달리기에 관한 바이블이라 해도 좋을 책을 쓴 티모시 녹스는 달리기를 통해 여섯 가지를 배웠다.

> 첫째, 개인적인 생활과 고독을 사랑하는 법.
> 둘째, 자기 몸을 돌볼 필요가 있는 것을 깨닫게 된 것.
> 셋째, 자신감.
> 넷째, 겸손함.
> 다섯째, 정직.
> 여섯째, 달리기가 우리를 독특한 사람으로 만들어준다는 면에서 영적인 부분에 영향을 준다는 것.

티모시 녹스는 달리기를 처음 시작했을 때 달리기의 장점이 순전히 신체적인 것에 있다고 인식했으나 점차 마음속에도 있다는 것을 발견했다. 그가 밝힌 달리기의 심리적인 이점은 다음과 같다.

> 달리기의 심리적인 이점
>
> 1) 마음의 긍정적인 상태.
> 2) 긴장과 불안의 감소.
> 3) 우울증의 감소.
> 4) 향상되는 삶의 질.
> 5) 긍정적인 성격 특성.
> 6) 스트레스에 대한 저항력.

운동이 특히 직장에서 매일 겪는 작은 초조함이나 스트레스에 대처하는 능력을 크게 향상시킨다. 그것은 마치 달리기가 매일 대면하는 문제들이 하찮다는 것을 깨닫게 해주는 것 같았다. 운동을 하고 나면 뇌에서 스트레스에 대한 우리의 반응을 줄여주는 엔도르핀을 포함한 어떤 화학적 전달물질의 농도를 변화시킬 수도 있다. 운동이 고통에 대한 내성을 증가시킨다는 것이다.

7) 의료적인 불만의 감소.

8) 향상된 정신적인 기능.

창의적인 생각은 한 차례의 운동 이후에 증가될 수 있을지 모른다.

9) 건강에 대한 인식의 확장.

모든 운동선수, 주자, 그리고 다른 인내력이 필요한 운동선수들은 그들의 신체적이고 정신적인 건강에 대해 잘 알고 있다. 이것은 지구력운동 선수들이 자신들의 몸이 보내는 소리를 듣는 것을 배우기 때문에 그 과정에서 터득하게 된다.

— 티모시 녹스, 『달리기 심리학』 중에서

05 배설로서의 달리기

'카타르시스catharsis'는 아리스토텔레스의 『시학』 제6장 「비극의 정의」 가운데에 나오는 용어로 '정화'와 '배설'을 뜻하는 그리스어다. 카타르시스는 '정화'라는 종교적 의미로 사용되기도 하고, 몸 안의 불순물을 배설한다는 의학적 술어로도 쓰인다. 좀더 자세히 사전을 살펴보면 이렇다.

카타르시스는 비극을 통한 감정의 정화로 주인공이 겪게 되는 비참한 운명을 관객이 보고서 마음속에 두려움과 연민의 감정이 격렬하게 유발되고 그 과정에서 인간적 정념이 어떠한 형태든지 순환된다고 하는 일종의 정신승화 작용이다. 정신분석에서는 무의식 속에 잠겨 있는 마음의 상처나 콤플렉스를 말, 행위, 감정으로써 밖으로 발산시켜 노이로제를 치료하려는 정신요법의 일종으로, 정화법이라고도 한다.

― 『두산세계대백과사전』 중에서

다소 뜬금없는 소리로 서두를 여는 까닭은 달리기가 일종의 카타르시스에 이르는 한 가지 방법이기 때문이다. 우선 '배설'이라는 카타르시스의 특성에 주목하여 달리기를 시작해보자. 똥과 오줌을 쉽게 연상시키는 이 용어는 '정화'라는 추상적이고 관념적인 말보다 더 현실적이고 구체적이다. 먹지 않고 싸지 않는 사람이 있을 수 없다. 그만큼 배설은 삶에 직접적으로 연관되어 있고, 먹는 것 만큼이나 중요한 한 축을 담당하고 있다. 그러니 아무리 배설의 중요성을 강조해도 지나침이 없을 듯싶다. 여기에서는 '정화'라는 정신적 측면은 보류해두고 육체적인 측면만을 이야기해보자.

배설, 제대로 배설하지 못하거나 배설로 고민하는 이에게 이것만큼 절실한 문제도 없다. 그건 단지 변비만을 일컫는 게 아니다. 그러나 배설이나 배설물을 마치 감추어야 할 신체의 분비물 혹은 오물로 터부시 한 탓에 일정부분 그 기능과 가치를 외면해왔다. 그 나라 문화의 성숙도는 '화장실'을 보면 알 수 있다고 하듯 현대사회에서 배설물의 관리와 처리는 문화의 성숙도를 재는 척도로 받아들여진다. 배설에 대한 관심과 시선을 약간 돌려 문명 차원의 고민으로 보자면 오늘날의 과학문명 또한 배설에 있어 크나큰 문제에 직면해 있다. 지구온난화의 주범인 이산화탄소만을 생각해도 충분하다. 석유를 비롯한 부존자원을 아귀처럼 가리지 않고 처먹는데 더는 쌀 데가 없다. 만년설과 빙하가 녹아내리고 북극곰이 살려달라고 아우성쳐도 자기 '나와바리' 아니라고 듣는 둥 마는 둥이다. 계속 먹긴 먹어야 하겠는데 더는 쌀 데가 없고, 그렇다고 먹는 걸 좀 줄이고 다 같이 나누어 먹자니, 아귀 뺨치는 탐욕이 만족할 리 없다. 이래도 고민 저래도 고민이다. 어떻게 문명의 배설 문제를 해결할 수 있을까.

다시 인체로 돌아와 배설을 바라보자. 그동안 우리는 배설에 힘주지 못했던 것이 사실이다. 힘줄 여유도 없었고 딱히 신경 쓰지 않아도 배변작용은 별 문제 없었다. 그러나 먹고살 만해지고 예전처럼 몸을 움직이지 않다 보니 자연스레 배설에 문제가 생기고 신경이 쓰인다. 그러면 잘 소비하고 잘 배설하기 위해서는 어떻게 해야 하는가. 답은 간단하다. 운동을 해야 한다. 그러나 꼭 운동을 해야 하는 것도 아니다. 매사 부지런히 움직인다면 따로 운동을 하지 않아도 배설과 비만의 문제는 쉽게 해결할 수 있다.

"무엇이든 감사히 잘 먹고 부지런히 몸을 많이 움직어라."
달팽이 씨 어머니의 이런 소박하고 단순한 건강론은 육체적 활동량이 많으면 자연히 소화가 잘되어 배설이 잘된다는 극히 단순한 생각에 기초하고 있다. 언제나 그렇듯 진리는 단순하다. 현대인은 엄청난 물질적 풍요를 과식하면서도 많이 움직이지 않는다. 그런 여건을 조장하는 사회적 환경과 인식 또한 간과할 수 없다. 점점 더 육체노동의 가치는 줄어들고, 육체노동으로 얻는 수입은 먹고살 만한 기본적 욕구를 충족시키기에도 빠듯하여 외면당한다. 그러다 보니 남녀노소를 불문하고 몸을 쓰는 일을 기피한다. 또한 1·2차 산업에서 지식·정보 산업으로 산업환경이 바뀌면서 육체노동은 감정노동으로 대체되어 몸을 쓰고 싶어도 쓸 여지가 별로 없다. '불출호지천하(不出戶知天下)'가 컴퓨터 한 대만 있으면 이루어지는 기가 막힌 상황을 우리는 매일 아무런 감흥 없이 경험하고 있다. 이런 상황에서 움직일 틈은 좀처럼 보이지 않는다.

   그리 유쾌하게 들리지 않을지도 모르는 배설 이야기를 하는 것은 그것이 삶에 있어 원초적으로 중요하기 때문이다. 솔직히 말해 잘 먹고 잘 싸는 것 만큼 건강한 것은 없고, 그것 만큼 시급하고 간절한 것도 없다. 부지런히 움직일 일 없는 사람(실생활에서 두 다리를 부지런히 사용하지 않는)들은 배설을 잘하기 위해서 운동을 해야 한다. 바쁜 생활 속에서 의도적으로 짬을 내어 달려야 한다. 일어나기 귀찮은 새벽에 운동화를 신고 차가운 공기를 가르며 달리는 이유는 '배설'의 문제에서 벗어나기 위해서이고 '배설'의 쾌감을 맛보기 위해서이다. 그러나 부정적인 효과도 있다. 달리기를 시작하면 화장실에서 홀로 조용히 사색의 시간을 갖거나 신문이나 책을 볼 수 있는 여유를 누리지 못한다. 그럴 여유도 없이 빨리 배설되기 때문에.

내 몸에 잠든
각角과 선線을 살리는 달리기

주위를 살핀다, 아무도 없다. 원래 아무도 없는 방이지만 그래도 주위를 살피게 만드는 건 바로 요놈, 방구석에 처박힌 체중계 때문이다. 체중계 앞에만 서면 나는 왜 그렇게 작아지고, 만감이 교차하며 지나간 세월은 부질없어지는지. 슬쩍 한 발을 들어 슬그머니 올렸다 잽싸게 내린다. 오르내리는 눈금을 따라 가슴이 철렁인다. 긴 한숨으로 마음을 다잡고 숨을 멈춘 채 체중계에 올라선다. 흔들리는 바늘 끝에 동공이 모이는 놀라운 집중력이 발휘되는 순간.

체중계 바늘은 사람의 마음을 뒤숭숭하게 흔들기 일쑤다. 몸무게는 재도 걱정, 재지 않아도 걱정이다. 이는 다이어트에 목숨 거는 젊은 처자들만의 이야기는 아니다. 체중은 남녀노소 누구에게

나 중요한 관심사가 된 지 오래다. 오늘날 체중은 건강을 재는 척도뿐 아니라 개인의 신체적, 정신적 만족을 나타내는 지표다. 하지만 대부분의 사람들은 자신의 몸무게에 불만을 가진다. 대개는 체중이 생각보다 많이 나간다는 것인데, 심지어는 저체중인 여성들조차도 체중 걱정을 하며 살이 조금 더 빠지기를 열망한다.

더 이상 우리 몸은 우리가 아끼고 사랑해야 하는 몸이 아니다. 안타깝게도 우리 몸은 우리가 제어하거나 길들여야 하는 질료 덩어리, 가공을 기다리는 원석이나 재료에 불과한 어떤 것으로 여겨진다. 이러한 인식은 좀더 근본적인 문제점, 즉 자신의 몸을 어떻게 사랑해야 하는지에 대한 육체적이라기보다는 오히려 정신적인 문제를 안고 있다. 그러나 대부분의 사람은 정신적인 접근이 아닌 육체적인 접근만으로 체중 문제를 해결하려 한다. 그리고 원하는 대로 체중을 줄이게 된다면 모든 걱정이 해결되고 장밋빛 미래가 열린다는 과대망상을 가진다.

그런 친구가 있다. 물만 마셔도 살이 찐다는 말을 입에 달고 사는. 정말 그 친구가 물만 마셔도 살이 찌는지는 알 수 없다. 어느 정도 유전적 영향이 있기야 하겠지만 정말 물만 마셔도 살이 찔까. 그 친구는 간식을 좋아한다. 세상에 간식을 싫어할 사람 아무도 없겠지만, 특히 달콤한 과자는 늘 책상 한구석, 한 번에 팔을 뻗어 닿기에는 제법 먼 거리에 놓여 있다. 과자에 손이 닿기 위해서는 약간의 움직임, 의자를 당긴다거나 허리를 굽히는 동작이 필요하다. 그렇게 이루어지는 모든 동작에는 나름 그 친구만의 일정한 규칙과 리듬이 있다. 무엇보다 그 친구는 과자를 먹는 개인적 규칙과 리듬을 즐기면서 행복을 느끼는 것 같다. 그래서인지 그 친구는 제대로 된 식사를 별로 하지 않고, 주로 물만 마신다. 그러면서 푸념처럼 물만 마셔도 살이 찐다는 말을 늘어놓는다. 과자를 포기하지 못하는 미련을 합리화시키고 늘어나는 몸무게를 물 탓으로 돌린다. 항상 체중에 심한 스트레스를 받는 그 친구의 마음을 충분히 이해할 수 있다. 나는 그 친구를 좋아한다. 왜냐하면 그 친구와 함께라면 달콤한 과자를 아무런 죄의식 없이 신나게 먹을 수 있기 때문에. 물만 먹어도 살이 찐다는 면책사유를 공유하면서.

반면 이런 친구도 있다. 아무리 먹어도 살이 찌지 않는다는 친구. 실제 그 친구가 어떤 음식을 얼마 만큼 먹는지는 알 수 없다. 다만 어떤 음식도 꺼리지 않고 잘 먹는다는 점에는 동의할 수 있다. 정말 체질적으로 별다른 움직임 없이도 칼로리 소비를 엄청나게 많이 하는 기초대사량을 가지고 있거나, 아니면 먹는 족족 영양분을 몸 밖으로 배출하는 그런 특이한 신체적 축복을 받은 사람인지도 모른다. 체중의 압박과 스트레스라는 지상의 죄에서 벗어난 '신의 아들과 딸'. 그 친구가 신의 축복을 한 몸에 받았을지는 모르겠으나, 가만히 살펴보면 눈에 띄지 않지만 많은 신체활동을 한다. 한시도 가만히 있지 못하고 꼼지락거린다. 또한 규칙적으로 운동을 하고, 간식도 그다지 즐기지 않는다. '아무리 먹어도 살이 찌지 않는다'라는 말은 사실이 아닌 것이다. 그는 무의식적이든 의식적이든 먹은 만큼 반드시 소비하려고 애를 쓰고 있다는 걸 알 수 있다. 그렇게 발

버둥치는 그 친구의 마음을 나는 충분히 이해한다. 편안한 마음으로 과자를 먹으며 몸속에서 퍼지는 달콤함을 충분히 즐기지 못하는 그의 마음을.

사람마다 신체구조와 체질은 다르다. 그렇지만 체중에 있어서는 비교적 두 가지 원칙이 지켜진다. 하나는 얼마 만큼 칼로리를 섭취하느냐고, 다른 하나는 얼마 만큼 칼로리를 소비하느냐다. 하루 동안 몸이 필요로 하는 열량은 성별, 나이, 활동량에 따라 다르지만 대략 남성은 2500칼로리, 여성은 2000칼로리이다.

> 1일 필요칼로리 = 표준체중 × 35칼로리
> 표준체중(남자) = (자신의 키 − 100) × 0.85
> 표준체중(여자) = (자신의 키 − 100) × 0.9

식이요법은 체중을 쉽게 줄일 수 있는 좋은 방법이다. 그러나 좀더 건강하고 균형 잡힌, 안정적이고 지속적인 체중감량과 유지는 식이요법과 운동의 병행을 통해서만 가능하다. 이는 먹는 것과 움직이는 것이 상호 밀접한 관계에 있으며, 생체 유지와 안정성이라는 균형을 이루기 위해 서로 연관되어 있기 때문이다. 칼로리를 덜 섭취한다고 해도 인간의 몸은 항상 생체유지와 활동에 필요한 적정 칼로리를 요구한다. 만약 필요량보다 칼로리가 부족하게 되면 몸은 기초대사를 낮추거나 신체 기능을 저하시킨다. 이는 건강에 악영향을 미치는 결과를 초래한다. 운동도 섭취 칼로리 없이는 불가능하다. 운동을 많이 한다고 해도 섭취 칼로리가 운동량보다 많다면 체중감량은 뜻대로 이루어질 수 없다. 또한 섭취 칼로리보다 많은 칼로리 소비를 하는 운동은 영양의 부족을 가져와 건강에 나쁜 영향을 미칠 수 있다.

  과체중, 즉 비만은 체내에 체지방이 많다는 것을 의미한다. 이는 체중감량도 중요하지만 근본적으로 체지방 감량이 필요하다는 것을 뜻한다. 식이요법을 통한 체중감량은 일정부분 체지방의 감소로 이어진다. 하지만 동시에 근육도 감소시킨다. 특히 먹는 양을 갑작스럽게 줄일 경우 체중은 눈에 띄게 감소될 수 있으나 이는 일시적 효과에 그치기 마련이다. 다시 전과 같이 먹는 양을 늘릴 경우 오히려 에너지에 굶주려 있던 몸이 더 많은 에너지를 몸에 저장하려고 들어 오히려 체중이 늘어나게 된다. 이른바 요요현상이다. 또한 식이요법만의 체중조절은 근력의 위축뿐 아니라 면역력을 저하시킬 수도 있다. 또한 먹는 즐거움을 포기하는 부적절한 식이요법은 영양부족이나 빈혈, 심할 경우 섭식장애를 초래할 수도 있다. 식이요법으로 섭취 칼로리 양을 줄이는 것도 필요하지만 운동을 통해 칼로리 소비를 늘리는 것이 오히려 체중과 체지방 감량에 효과적이며 더 건전하다. 운동은 안정 상태의 대사량을 증가시켜 평소의 칼로리 소비를 증가시킨다. 이는 몸무게와 체지방을 줄이는 데에 있어 운동이 중요한 이유이기도 하다. 그리고 운동 중에서 달리기만큼 체중과 체지방 감량에 효과적인 것도 없다.

최선의 열량 소비법

당신의 목표 중 하나가 체중조절이라면 달리기보다 더 쉽고 효과적인 열량 소비 방법을 찾기는 불가능하다. 아래 표는 체중 59킬로그램인 여성이 30분 동안 여러 가지 다른 활동을 했을 때 소비하는 열량을 보여준다.

활동	운동강도	소비 칼로리
달리기	5분 37초/킬로미터	324
농구	일반 경기	236
자전거타기	중간	236
맨손 운동	격렬하게 (팔굽혀펴기, 턱걸이, 윗몸일으키기)	236
스키, 크로스컨트리	중간	236
수영	중간, 자유형	236
테니스	단식 경기	236
배구	해변 경기	236
라켓볼	중간	206
노젓기	중간	206
스키, 활강	중간	206
축구	일반 경기	206
에어로빅	보통	177
계단오르기	중간	177
기구 들기	격렬하게	177
맨손 운동	중간, 실내운동	133
배구	체육관 경기	118
걷기	활기 있게	118
기구 들기	가볍게~중간 강도	88
앉아 있기		30

- 클레어 코왈칙, 『여자의 달리기』 중에서

07
달리기와
본능

"물고기는 헤엄치고, 새는 날고, 인간은 달린다."
― 에밀 자토페크

세상에는 아무리 부정하려 해도 부정할 수 없는 것들이 있다. 닭 모가지를 비틀어도 새벽이 오고, 손바닥으로는 결코 하늘을 가릴 수 없는 것처럼. 절대진리일 수도 있고, 그것과 맞짱 뜰 수 있는 절대반지 같은 것일 수도 있다. 그런 것들을 담아내는 말과 글은 언제나 생각 없이 바쁜 사람들을 생각하게 하고, 행동하게 만들어, 그 사람들을 변화시킨다. 그렇게 변한 사람들로 인해 사회는 발전하고, 세상은 조금 더 행복해질 것이다. 물론 어디까지나 믿음일 뿐이지만 무조건 믿어야만 시작되는 것들도 있다.

물고기는 헤엄치고, 새는 날고, 인간은 달린다. 이 말에는 그런 부정할 수 없는 진리 같은 것이 담겨 있다. 러너라면 당연히 에밀 자토페크의 이 말을 좋아하지 않을 수 없다. 진정한 러너가 아니라도, 이제 막 달리기를 시작한 초보 주자여도, 달리기와는 일면식도 없는 사람들이라 할지라도 이 말을 좋아하지 않을 수 없다. 모든 사람들이 좋아할 것이라 단정하는 것은 어디까지나 개인적인 추측이다. 행여 모든 이들이 좋아하지 않는다고 해도, 그다지 문제 되지 않는다. 진리는 적어도 좋아하고 좋아하지 않고의 문제는 아니다. 달리기에 관심 없는 이들마저도 이 말을 좋아할 것이라는 이유는 크게 두 가지에 기인한다. 첫째는 본능이라는 단순함이요, 둘째는 본능의 당위성이다.

물고기가 헤엄치는 것, 새가 나는 것은 너무도 당연한 이치다. 그것은 물고기와 새에게는 본능이다. 일말의 시빗거리조차 없고, 그 누구라도 고개를 끄덕이지 않을 수 없다. 여기에 한 가지 추가된다. 인간은 달린다. 이즈음에서 러너가 아닌 이들은 잠시 갸우뚱할 것이다. 달리지 않으면 인간이 아닌가? 그럼 인간에게 달리기는 본능인가? 이런 의구심은 너무도 당연하다. 인간은 더 이상 본능으로 달리지 않고, 본능으로 달려야 할 이유를 그 어디에서도 찾을 수 없다. 따라서 이런 의구심을 갖는 이들은 분명히 인간이지만 러너는 아니다. 그러나 좀더 과장하면, 러너에게 달리기는 본능이다. 덜 과장해서 말한다면, 실제 달리기가 본능이 아니라 해도 제2의 본능이고자 원하는 이들이 러너다.

본능은 많은 것들을 직관처럼 펼쳐놓는다. 거기에는 언어로 닿을 수 없는 현묘지도(玄妙之道)가 있고, 차원이 다른 깊이가 있다. 무엇보다 본능에는 행위에 대한 절대적 당위성과 그 당위성에서 비롯된 자연스러움이 있다. 그리고 자연스러움은 다른 존재와 어울려 조화를 만들어낸다. 연못 속에 헤엄치고 있는 물고기와 푸른 하늘로 날아오르는 새를 생각해보라. 사람들은 존재와 행위에 대하여 늘 고민한다. '어떻게 살아야 잘 사는 것일까'부터 '어떻게 해야 더 많은 돈을 벌 수 있을지'(주식, 부동산, 펀드, 보험, 등등) '어떻게 해야 명성을 얻을 수 있을지' '어떻게 해야 건강할 수 있을지' 등등을. 그래서 늘 불안하고 신경이 쓰여 평안하지 못하다. 하지만 본능은 그렇지 않다. 고민이 필요 없다. 만약 어떤 이가 어떤 행위를 본능처럼 할 수 있다면, 그래서 그 행위 자체가 본능이 된다면, 아무리 사소하고 미천한 행위라 할지라도 그 사람은 어느 위대한 예술가나 철학자 못지않은 사람일 것이다.

달리기가 인간의 본능이라면 왜 모든 인간들은 달리지 않는 걸까, 이런 회의가 든다. 달리기가 정말 인간에게 본능일까. 이렇게 계속 묻고 있자니 왠지 모르게 꼬리뼈를 만지작거리고 있는 기분이 든다. 꼬리뼈, 퇴화된 본능? 어쩌면 달리기는 인간에게 퇴화되어버린 꼬리뼈일지도 모른다.

물고기는 헤엄치고, 새는 날고… 그다음으로 이어질 문장은 대구의 호응상 '인간은 달린다'보다 '짐승은 달린다'가 더 어울린다. 왜냐하면 짐승들에게 달리기는 말 그대로 본능이니깐. 톰슨 가젤을 쫓는 치타를 보자. 순간속도 시속 100킬로미터가 넘는 지상에서 가장 빠른 동물, 톰슨 가젤의 부드러운 목줄기에 살포시 어금니를 박기 위해 달리는 치타. 그런 치타의 먹잇감이 되지 않기 위해 필사적으로 방향을 바꾸면서 달리는 톰슨 가젤. 그들에게 달리기는 단연코 본능이다. 또한 그것은 단지 생존의 필요성에 국한되는 것만은 아니다. 백구나 황구를 비롯해서 먹지도 않을 쥐를 잡기 위해 달음질 치는 묘(猫)선생들, 그밖의 모든 짐승들은 그냥 재미 삼아, 놀이 삼아 달리고 달린다.

굳이 18세기 성리학자들의 논쟁의 대상이 되었던 인물성동론(人物性同論)을 언급하지 않더라도 인간은 짐승의 면을 가지고 있기에, 아니 한편으로는 짐승보다 더 짐승스럽기에 인간에게도 달리기는 충분히 본능이라고 말할 수 있다.

맹수에게 잡혀 먹히지 않기 위해 도망치는, 맘모스를 때려잡기 위해 달리고 달려 돌도끼를 던지는 옛 조상들의 기억을 떠올릴 필요도 없다. 아이들을 관찰해보자, 그들은 한시도 쉬지 않고 장난치고, 장난치면서 달린다. 그냥 달린다. '치고 달리기'는 어린아이들에게 본능적인 놀이형태. 적어도 아이들에게 달리기는 본능으로 살아 있다. 안타깝게도 아이들은 나이를 먹고 사회화되어가면서 점점 달리기란 본능을 무의식적으로 잃어버리고, 의식적으로 잊어버린다. 사회는 이런 망각과 상실을 강요한다. 야성(野性)과 본능을 열등하고 감추어야 할 것으로 여기는 현대 문명과 사회 시스템은 달리기라는 본능을 버리라고 강요한다. 그렇게 우리들은 달리기의 본능을 잃어버린 채, 풍요라는 이름의 살찐 소파에 몸을 깊숙이 파묻고 점차 자동차와 TV의 노예로 살고 있다. 그러면서 늘 생각한다. 뭐,

재미있는 것 좀 없을까? 왜 이렇게 살이 찌는 걸까? 아마도 매사 재미없어하고, 살이 찌는 걸 그토록 두려워하는 짐승은 인간밖에 없을지도 모른다.

본능은 그 자체로 행위의 당위성을 갖는다. 따라서 달리기가 인간에게 본능이라면 달리기는 인간에게 당연한 행위가 된다. 그러나 달리기는 본능적 행위에서 의식적 행위로 변화되었다. 아직 달리기의 본능이 남아 있다 하더라도 그것은 꼬리뼈처럼 퇴화되었거나 퇴화되어가고 있는 본능에 가깝다. 물고기는 헤엄치고 새는 날고 인간은 달린다. 에밀 자토페크의 말은 인간에게 퇴화된 본능을 일깨운다. 러너에게 달리기는 본능이고 그 자체가 목적이다. 그들에게 달리기는 수단이면서 동시에 목적이다. 수단이면서 목적인 본능처럼.

샐 위 댄스,
우리 함께 달리지 않을래?

마이클 잭슨이 뜬금없이 세상을 하직하고 얼마 즈음, 술자리에서 후배가 물었다.

"형, 우리 나이트나 갈래요?"

달팽이 씨는 순간 망설였다. 후배의 말을 어떻게 읽어야 할지, 좀처럼 감이 잡히지 않아서. 여자 꼬시러 가자는 말이지?

"아니 그냥, 춤추러. 클럽도 좋고. 어디, 아는 데 없어요?"

달팽이 씨는 얼마 전부터 여자친구와의 관계가 꼬이고 있는 후배의 복잡한 감정을 짐작했다.

"몸 풀어준 지 너무 오래여서 관절에 기름 좀 쳐줘야 돼요. 뭐, 여자도 꼬시면 금상첨화죠."

생각해보니 나이트클럽 혹은 클럽에 가는 목적은 크게 두 가지다. 여자를 꼬시기 위해서 혹은 춤추기 위해서. 춤은 여자를 꼬시기 위한 하나의 핑계에 불과하다고 생각할 수도 있지만 후배처럼 오로지 춤을 목적으로 가는 이들도 있다. 물론 여기서 술은 목적을 위한 부수적인 매개물일 뿐이다. 춤을 추러 갔다가 뜻하지 않게 이성을 만날 수도 있고, 이성을 꼬시러 갔다가 춤만 출 수도 있다. 때론 춤도 못 추고, 이성도 못 꼬시고 술만 마시는 경우도 있다. 하지만 대개 이 두 가지 목적은 하나의 방향을 지향하고 있다. 그것은 무언가를 푼다는 것이다. 후배 말대로 몸을 풀 수도 있고, 몸을 풀면서 쌓인 스트레스를, 잠재된 성욕을 풀 수도 있다. 아무튼 후배는 갑작스럽게 몸을 풀고 싶은 눈치였다.

"잭슨 아저씨가 그렇게 허망하게 가신 후로 괜히 춤추고 싶은 생각이 들어서요. 인생 뭐 있어요? 즐겁게 풀면서 살아야죠."

마이클 잭슨의 갑작스런 죽음은 지구상에서 밥 벌어먹고 살기 위해 아등바등 대는 대다수 서른 즈음의 사람들에게 잠재된 춤의 욕망을 불러일으켰는지도 모르겠다. 마이클 잭슨 그 특유의 개다리 짚고 바지 추어올리는 춤과 문워크moon walk 스텝은 그의 앨범 판매수보다 많은 사람들의 무의식 속에 깊게 각인되어 있는 게 틀림없다. 그러고 보니 언제였더라, 춤춘 지가. 신나게 몸을 흔든 기억이 가물가물했다.

"그러니깐 자꾸 늙었다는 소리 듣는 거예요. 형, 춤은 시대의 반영이자 코드잖아요. 그나저나 요즘 유행하는 댄스는 아시죠?"

고개를 끄덕였다. 후배의 말을 인정하지 않을 수 없었다. 어디 '꿀벅스'뿐인가, 소녀시대부터 미국으로까지 진출한 원더걸스의

텔미춤, 소핫춤, 손담비의 의자춤, 엉덩이춤 그밖에 유행하거나 유행했던 춤을 모를 리 없었다. 모르고 싶어도 모를 수가 없었다. 시대의 반영이자 코드이기 때문에. 그러나 그렇게 다종다양한 춤들이 유행하고 있다 한들 우리와는 본질적으로 아무런 상관이 없지 않은가. 그럼 너는 무슨 춤을 추는데?

"그야 물론 막춤이죠. 꼴리는 대로, 필 받는 대로 흔들면 그게 다 춤 아니겠어요."

달팽이 씨는 생각했다. 지면과 허공 사이에서 이루어지는 모든 몸짓이 춤이라면, 달리기 또한 하나의 멋진 춤이다. 마이클 잭슨은 그만의 독특한 동작으로 그의 춤을 췄을 뿐이고 나는 달리기라는 행위로 나의 춤을 추고 있을 뿐이다. 사람들은 저마다 자기만의 독특한 몸짓으로 춤을 추고 있다. 나는 요즘 달리기를 하고 있어. 몸으로 하는 하나의 춤을 추고 있지.

"형, 몸을 움직인다고 다 춤은 아니지. 리듬이 있어야 하고, 그 리듬에 감정이 실려야 춤이 아닐까. 그러지 말고, 어디 성인나이트, 아니면 카바레라도 가는 거 어때요?"

리듬, 그렇다. 달리기에도 리듬이 있다. 누가 별도로 연주해주거나, 박자를 맞춰주는 리듬이 아니라 자기 자신이 만들어가는 리듬이. 그건 호흡이다. 그 리듬은 자신 외에는 아무도 만들 수 없다. 음악을 들으며 달린다 해도, 음악은 어디까지나 자신의 리듬을 만들어가는 부수적인 도구일 뿐이다. 달리기의 전적인 리듬은 달리는 사람의 호흡과 몸짓을 통해 만들어진다.

감정을 실어야만 춤이라고? 달리기 또한 감정을 싣는다. 더구나 달리기는 완벽히 홀로, 오로지 혼자의 힘으로 이루어지는 몸짓이라는 점에서 쉽게 감정에 몰입하게 만든다. 그렇게 달리다 보면 춤추다가 저절로 빠지는 무아지경과 같은 경험을 할 수 있다. 일종의 도취요, 스스로 뻑 가는 '자뻑'이다. 물론 달리기는 이 시대에 유행하는 춤과는 비교도 안 되는 단조로운 몸짓이다. 하지만 요즘 유행하는, 아무리 복잡하고 따라하기 힘든 댄스라 한들, 하나하나 자세히 따지고 보면 단순한 몸짓의 반복에 불과하다. 어떻게 보면 그것은 달리기보다 훨씬 더 단순하다. 적어도 달리기는 매순간의 발자국마다 허공을 난다. 타박타박, 아니면 콩콩, 아니면 껑충껑충, 허공을 나는 달리기. 어때 멋지지 않아? 이보다 멋진 춤이 있을 것 같아?

"형, 그럼 그냥 술이나 마셔요."

프레드 로에Fred Rohe는 그의 책 『달리기의 선(禪)』에서 "당신이 달리기라는 춤을 추는 동안 살고 있다는 즐거움이 없으면 승리는 없다. 미래의 어떤 보상을 위해서 달리고 있는 것이 아니다. 그 실질적인 보상은 지금이다"라고 했다.

살고 있다는 즐거움, 이것이 핵심이다. 우리가 나이트 혹은 클럽에 가서 춤을 추고자 하는 것도, 달리기를 하는 이유도 모두 여기에 있다. 그 이상도 그 이하도 아니다. 여자를 꼬시기 위한 것도, 관절에 기름칠하기 위해서도 아니다. 그저 살고 있다는 즐거움, 단지 그것뿐이다.

그것은 단순히 '살아 있는' 즐거움이 아니다. '살고 있다는 것'

과 '살아 있는 것'은 다르다. 그것은 생live과 삶life의 차이와도 같다. 생이 본능적이고 생리학적인 것이라면, 삶은 주체적이고 의지적인 것이다. 그 둘은 엄연히 다르다. 그래서 어느 노래 가사처럼 사는 게 사는 게 아닐 수 있고, 웃는 게 웃는 게 아닐 수 있다. 그리고 이런 말도 있다.

"남자란… 적극적으로 죽음을 모색해야 할 때가 있다…"
– 권가야, 『남자 이야기』 중에서

달팽이 씨가 좋아하는 만화책 『남자 이야기』에 나오는 명구다. 죽음에 대한 적극적인 모색, 아이러니하게도 이 말은 죽음이 아니라 보이지 않는 삶에 방점이 있다. 삶의 의미, 삶의 가치를 실현하는 수단으로서 죽음에 대한 적극적인 모색. 그것은 죽음이 아닌 살아야 한다는 주체의 의지가 극한의 상황에서 표현된 것이다. 어떻게 사느냐, 이것이야말로 살고 있다는 즐거움을 만드는 핵심이다.

똥밭에 굴러도 저승보다는 이승이 낫다고 하지만 똥밭에 구르며 이승에서 살지, 더러운 꼴 안 보고 저승으로 갈지에 대한 선택은 사람마다 다르다. 한 가지 분명한 것은 살아 있는 것 자체가 즐거울 수만은 없다는 점이다. 생에는 필연적으로 생로병사(生老病死)가 있고, 많은 아픔과 이별이 있으며, 기쁨과 슬픔, 고통과 희열이 있다. 생이 단순한 진리라면 삶은 이 단순한 진리로 자기가 놓인 모순적 상황을 끌어안는 적극적 행위다. 그렇게 적극적인 의지를 표출할 때 살고 있다는 즐거움을 얻는다.

　　물론 춤은 살고 있다는 의지뿐만 아니라 살아 있다는 본능과 감정 자체를 몸으로 좀더 솔직하게 표현한다. 달리기 또한 몸으로 행하는 의지의 표현인 동시에 본능과 감정을 느끼고 표현하는 한 가지 수단이라는 점에서 춤의 한 양태다. 그러니 어때, 섈 위 댄스, 우리 함께 달리지 않을래?

09
하늘로 도약하는 달리기

걷기와 달리기의 본질적 차이는 속도가 아니다. 달리는 사람보다 빨리 걷는 사람도 있다. 그 둘을 가르는 핵심적 차이는 두 발이 모두 지면에서 떨어지느냐 떨어지지 않느냐에 있다. 걸을 때는 두 발 중 한 발이 반드시 땅에 닿으면서 앞으로 나아간다. 물론 두 발 모두 지면에 닿는 순간도 있다. 경보를 떠올려보자. 우스꽝스러운 모습으로 엉덩이를 실룩거리며 빠르게 발을 내딛는 경보의 규칙은 단순하다. 한 발은 무조건 땅에 붙어 있어야 한다는 것. 이게 바로 걷기의 특징이다.

  이와 반대로 달릴 때에는 두 발 모두 지면에서 떨어지는 상태가 발생한다. 아주 잠시 동안 허공을 난다고 표현해도 좋을 그 순간이 바로 체공(滯空)이다. 몸이 공중에 머물러 있는 상태. 달리기의 체공은 아주 짧은 순간 이루어진다. 그리고 그 짧은 순간은 발을 내딛으며 앞으로 나아갈 때마다 느낄 수 있다. 비록 스카이다이빙처럼 오래 하늘을 날 수는 없지만 말이다. 각종 해양스포츠를 비롯해서, 패러글라이딩, 행글라이딩, 번지점프 그리고 청룡열차나 바이킹 같은 놀이기구도 허공을 나는 듯한 기분을 느낄 수 있다. 그러나 이 모두 장비나 기구의 도움을 받아야 한다는 점에서 달리기와는 차원이 다르다.

　　달리기의 체공시간은 속도와 비례한다. 달리기 속도가 빠를수록 체공시간은 늘어난다. 단거리 전력질주에서는 한 걸음 앞으로 나아가는 데 걸리는 시간 중 체공시간의 비율이 약 50퍼센트, 조깅을 포함한 오래달리기에서는 약 20~30퍼센트 정도를 차지한다. 단거리를 전력질주하면 좀더 오래 체공할 수 있다. 그러나 너무 빨리 달리면 산소가 부족해 피로가 쉽게 쌓이므로 단시간 내에 지쳐버린다. 반면 속도를 줄이고 오래 달리면 전체적으로 좀더 길게 체공을 맛보게 된다. 30분간의 조깅에서는 6~9분간, 10킬로미터 조깅에서는 2~3킬로미터 정도 하늘을 나는 듯한 체공을 즐기는 것이다.

　　체공시간만 놓고 봤을 때 달리기에서 중요한 것은 속도가 아니라 얼마나 오래 달릴 수 있느냐이다. 적절한 비교가 될지 모르겠지만 이렇게 설명해보자. 인간탄환이라 불리는 우사인 볼트의 100미터 세계최고기록은 2009년 8월 17일 베를린 세계육상선수권대회에서 세운 9.58초다. 그러니까 그는 50퍼센트인 4.79초 동안 허공을 날았다고 볼 수 있다. 만약 달팽이 씨와 같은 서른 즈음에 있는

성인 남녀가 100미터를 조깅 혹은 러닝으로 20초간 달린다고 할 때 그는 짧게는 4초에서 길게는 6초 동안 허공을 난 것이다. 이 점을 비교해보면 우사인 볼트와 달팽이 씨가 100미터를 달리면서 느끼는 체공시간은 크게 다르지 않다. 오히려 우사인 볼트가 죽어라 달린 것보다 달팽이 씨가 여유롭게 달렸을 때 얻는 체공시간이 같거나 더 길 수도 있다는 걸 알 수 있다. 즉, 한 사람의 달리기 체공시간에서 가장 중요한 것은 거리이고, 그 거리를 얼마나 빨리 달릴 수 있느냐는 나중 문제라는 점이다.

하늘에 의미를 부여하고, 하늘을 보며 꿈꾸기 시작한 것이 인류의 시작이 된 직립보행의 원인일지도 모르겠다는 달팽이 씨의 어설픈 가설에서 한발 더 나아가자. 직립보행을 시작한 인류는 이제 몸으로, 좀더 직접적으로 하늘을 느끼기를 갈구하지 않았을까. 어쩌면 그런 욕망 때문에 달리게 된 것이 아닐까. 하늘을 만나기 위해, 하늘과 더욱 가까워지기 위해. 그리고 그런 욕망을 실현하기 위해서는 아마도 도약이 필요했을 것이다. 하늘로 향한 도약, 허공으로의 뛰어오름, 그것은 다름 아닌 달리기다. 비록 아주 짧은 순간 동안 느끼는 하늘과의 만남이지만, 그 만남을 통해 인간은 새로운 경험을, 새로운 감정을 느꼈을 게 분명하다.

걷기가 땅과의 대화라면 달리기는 하늘과의 대화다. 걷기가 자기를 둘러싼 현실과의 소통이라면 달리기는 초현실과의 소통이다. 자기를 둘러싼 현실을 넘어서려는 초월로의 지향. 허공으로의 도약은 감각적이고 격정적인 초월을 불러온다. 하늘 혹은 허공의 진짜 의미는 이런 초월에 있는 게 아닐까. 그 초월을 지향하기 때문에 인간은 하늘을 향해 도약하는지도 모른다. 그러나 초월로의 지향이라고 하더라도 땅을 밟지 않고서는 도약도 체공도 할 수 없다. 그 점에서 달리기는 상위의 영역인 걷기에 포함된다. 걷기 또한 땅을 밟고 하늘을 본다는 점, 그리고 직립 자체가 하늘로 향한다는 점에서 근본적으로 초월로의 지향을 내포한다.

    달리기에서 발로 지면을 구르는 순간, 허공에 뜰 수 있는 추동력을 얻는, 지면을 박차는 그 순간의 감각을 좋아하는 러너를 현실주의자라고 말한다면, 두 발이 허공에 뜨는 체공의 순간을 즐기는 러너를 이상주의자라고 표현할 수 있다.

10
달리기를 하면
듣게 되는 말들

달리는 사람이 달리지 않는 사람에게 가장 많이 듣는 말은 왜 달리느냐는 질문이다. 이런 질문은 때때로 묻는 이의 본의와는 다르게 러너에게 종종 깊은 단절감을 가져다준다. 그것은 질문 자체가 너무 막연하고 추상적이어서 그 의도를 정확히 파악하지 못하기 때문이기도 하지만, 그 질문의 답이 너무도 일반적이고 상식적이어서 굳이 대답할 필요를 느끼지 못하기 때문이기도 하다.

그런 질문은 등산가에게 산을 오르는 이유를 묻는 것과 비슷하다. 과연 이런 질문에 스스로 만족할 만한 답을 할 수 있는 등산가가 있을까, 있다면 그는 거짓말쟁이거나 더 이상 산을 오르지 않아도 좋을 사람이다. 물론 등산가들은 저마다 다양하게 답을 내놓는다. 그곳에 산이 있기에, 그저 산이 좋아서, 눈 뜨면 산이 불러서 등

등. 그 무엇도 답이 될 수 있고, 답이 되지 않을 수도 있다.

　러너 또한 마찬가지다. 달리는 이유는 산에 오르는 이유 만큼이나 다양하다. 하지만 그 대답이 본인을 위한 대답이 아니라 타인의 이해를 구하기 위한 형식적인 대답이 될 경우 러너 자신은 더 심한 단절감을 느끼게 된다. 그런 심리적 단절감을 느끼면 하는 수 없이 달려야 한다. 달리면서 달리는 이유에 대한 자신만의 답을 찾을 수밖에 없다. 러너에게 달리기는 본능이며, 적어도 본능은 설명이 필요 없다.

　사람들이 러너에게 왜 달리느냐는 질문을 가장 많이 하는 이유는 그만큼 러너를 이해하지 못하고 이해하려 하지 않고, 달리기에 대해 생각해보지도, 실제 달려보지도 않았기 때문이다. 그나마 다행인 점은 그래도 약간의 호기심은 가지고 있다는 것이다. 러너의 몇 가지 모습을 머릿속에 그려보자.

장면 1. 창유리에 하얗게 성에가 끼도록 추운, 채 어둠이 가시지 않은 겨울 새벽, 운동화를 신고 장갑을 낀 채 밖으로 나가 입김을 내뿜으며 달리기를 시작하는 러너의 모습.
장면 2. 숨이 턱턱 막히는 무더운 여름날 땀에 흠뻑 젖은 채 아지랑이가 피어오르는 아스팔트를 달려나가는 러너의 모습.
장면 3. 억수같이 쏟아붓는 비를 고스란히 맞으며 아무도 없는 한강둔치를 달리고 있는 러너의 모습.
장면 4. 가파른 오르막 길 위에서 숨을 가쁘게 몰아쉬며 힘들게 달리는, 금방이라도 주저앉을 것같이 지친 러너의 모습.

이런 장면을 보고 러너가 아닌 사람들이 러너를 이해하기란 쉽지 않다. 모든 사람들이 러너일 수 없듯 모든 이들이 러너를 이해해야 하는 것도 아니다. 행여 모든 이들이 달리기를 한다고 하여 모든 이들이 달리기에 대해 공통의 이해를 가지게 되는 것도 아니다.

비록 답하지 못하고 그저 웃거나, 에둘러 한번 달려보라고 권해보는 게 전부가 될지라도, 왜 달리느냐라는 질문은 어쩌면 러너 자신이 가장 좋아하는 질문일지 모른다. 왜냐하면 러너 자신이 달리는 것에 대한 답을 스스로 찾아야 하고, 또 찾고 있기 때문에. 그리고 달리기란 다른 모든 행위와 마찬가지로 본질적인 물음에 대한 자신만의 답을 찾는 과정이기 때문에.

몸을 움직이는 것을 꺼려하고 좀처럼 몸을 움직일 기회를 가지지 못하는 현대인들은 달리기에 대해 몇 가지 편견을 가지고 있다. 그중 하나가 갑작스럽게 달리기를 하면 돌연사할 수 있다는 생각이다. 그래서 농담반 진담반으로 묻는다. 달리면 돌연사할 수도 있다는데, 위험하지 않을까요? 이와 같은 생각은 일면 옳다. 그러나 달리기에 대한 지나친 기우는 달리기에 접근하는 것 자체를 어렵게 만드는 요인이 되기도 한다.

건강에 대한 관심이 늘어나면서 달리는 사람들이 많아지고, 개최되는 마라톤 대회도 늘어났다. 하지만 달리기에 대한 인식과 문화가 아직은 성숙하지 못하여 달리기로 인한 돌연사 뉴스를 종종 접하는 게 사실이다. 달리기로 인해 발생하는 돌연사는 대부분 심장마비(심근경색과 급성심장사)다. 봄철이나 가을철같이 마라톤 대회가 많이 열리는 시즌에는 그런 불의의 사고들이 발생한다. 특히 달리기와 마라톤 문화가 성숙하지 못하고, 마라톤 대회의 안전장비나 안전수칙이 미비한 환경은 돌연사를 일으키는 주요 원인이다.

평소 달리기를 비롯하여 운동을 전혀 하지 않던 이들이 특별한 어떤 계기로 달리기를 시작하려 할 때 한번쯤 돌연사 걱정을 하는 것은 너무도 자연스런 반응이다. 달팽이 씨도 처음 달리기를 했을 때 가장 먼저 돌연사를 떠올렸으니 말이다.

그러나 그의 걱정이 클수록 그동안 자신의 몸을 돌보지 않고 방치하고 있었다는 것을 의미하고, 이는 역으로 그만큼 운동이 필요하다는 것을 증명하는 것이다. 걱정 자체가 나쁘지는 않다. 오히려 자신의 몸에 알맞은 달리기의 운동량과 강도를 조금씩 알아가는 섬세하고 조심스런 방법을 찾을 수 있다. 문제는 걱정 때문에 달리기를 포기하거나, 달리지 않는 것을 당연하게 합리화시킨다는 점이다.

> 매주 20분 이상 격렬한 운동을 하는 사람은 앉아서만 지내는 사람들에 비하여 심장마비가 발생할 위험성이 40퍼센트 수준이다. 즉, 운동 중에 발생하는 악산의 위험성 증가는 평소 생활에서 급성심장사의 위험이 줄어드는 것으로 보상된다. (…) 평소의 운동량에 따라서 운동의 위험성은 큰 차이를 보여서 전혀 운동을 안 하는 사람은 운동 중에 심근경색증의 위험성이 107배 증가하지만, 1주에 5회 이상 정기적으로 운동을 하는 사람은 운동 중에 심근경색증의 위험도 2.4배 증가한다.

(…) 2개 미국 마라톤 대회에서 30년 동안 축적된 자료를 기초로 한 연구에서, 마라톤을 하는 동안 갑작스런 사망의 전체적인 발생률은 0.002퍼센트, 즉 5만 명의 완주자당 1명 사망이었다. 그 위험은 1년 동안 일반인에게서 발생하는 전체적인 위험 사례보다 약 100배 더 적었다. (…) 젊은 사람들(35세 미만)인 경우에는 운동 중 급사의 위험이 매우 낮다.

– 달리는 의사들, 『죽지 않고 달리기』 중에서

달리기와 운동은 심장마비와 같은 돌연사를 일으키기보다는 돌연사의 위험을 줄이는 예방수단이다. 물론 모든 사람들의 신체적 특성이나 구조, 질병 등을 고려하지 않고 무조건 달리기와 운동이 좋다고 말할 수는 없다. 자기 몸에 맞는 달리기와 운동을 어떻게 하느냐가 중요할 뿐이다. 달리기를 시작하려는 사람의 나이가 많거나, 심장질환을 앓았거나, 가족 중에 심장병력이 있다면, 달리기를 시작하기 전에 의사의 진단을 받는 것이 훨씬 안전하고 즐거운 달리기를 위해 필요하다.

만약 당신의 나이가 서른 즈음에서 크게 벗어나지 않고 심장질환을 앓은 적도 없고, 가족 중에 심장병력이 있는 사람도 없다면 달리는 것을 크게 걱정할 필요가 없다. 그런 당신에게 필요한 것은 당신의 몸에 귀를 기울이며 천천히 달리는 것이다. 처음부터 무리하게 달릴 필요가 없다. 달리는 것이 부담이 된다면 걷는 것부터 시작해도 좋다.

달리기 특히 마라톤에 대한 또 하나의 편견은 42.195킬로미터같이 인간의 한계를 시험하는 과도한 육체의 사용이 노화를 촉진하고, 실제 나이보다 더 늙어 보이게 만든다는 것이다. 주로 이런 말은 건강이 아니라 미용과 외모에 더 많은 관심을 갖고 있는 사람들에게서 많이 듣게 된다.

그들은 결코 프로 달리기 선수가 되는 것이 목표가 아님에도 이봉주(이미 은퇴한 '봉달이 형'의 그 해맑은 주름들을 지적하며) 같은 프로 마라톤 선수들을 언급한다. 또한 그들이 걱정하는 것은 일반적인 신체능력을 가리키는 노화가 아니라 피부노화라는 점이다. 달리기는 신체능력을 오히려 길게는 10년까지 젊게 만든다고 한다. 물론 피부노화 측면에서 주로 야외에서 하는 달리기는 분명 일정한 영향을 미치기 마련이다.

그러나 달리기로 인한 피부노화는 적절한 수단과 방법(자외선 차단제나 기초 화장품, 모자나 선글라스 등)으로 얼마든지 예방할 수 있다. 피부노화를 이유로 달리기나 마라톤 나아가 운동을 꺼린다면 건강이 호전될 수 있는 좋은 계기를 스스로 박차는 셈이다. 그것은 건강하게 그을린 피부보다 살찐 돼지의 뽀얗고 하얀 피부를 선호하는 것과 같다.

"왜 달리세요?"
"달리면 돌연사 할 수 있지 않을까요?"
"달리기와 마라톤이 사람을 늙게 만든다는데요?"

서른 즈음인 당신이 달리기를 하고 있지 않다면 앞의 물음에 대해 진지하게 생각해본 적이 없을 것이다. 왜냐하면 아직까지 달리기의 필요성을 느끼지 못하거나, 느낀다 하더라도 시간적 여유가 없거나, 여유가 있다 하더라도 달리기보다 더 흥미진진한 것들이 많다고 생각하기 때문에. 서른 즈음에 있는 많은 이들이 달리기에 그다지 관심을 갖지 않는 구체적인 이유는 무엇인지 살펴보도록 하자.

11
서른 즈음, 당신이 달리지 않는 이유

달리기를 시작한 지 얼마 되지 않아 달팽이 씨는 한 시간가량을 천천히 조깅할 수 있게 되었다. 한 시간가량을 쉬지 않고 달린다는 게 처음에는 쉽지 않았다. 달리는 시간보다 걸어야 하는 시간이 많았다. 그러나 차츰차츰 걷는 시간보다 달리는 시간이 늘어났고, 마침내 한 시간 동안 온전히 달릴 수 있게 되었다. 안 하던 달리기를 규칙적으로 한다는 게 무엇보다 힘이 들고 귀찮았지만 어느덧 서서히 몸에 달리기가 붙고 있다는 점이 가장 큰 소득이었다.

달리기를 시작했다고 해서 지금껏 행해온 생활습관이 한순간에 바뀌지는 않는다. 만약 그런 큰 기대와 목표를 가지고 달리기를 시작했다면 진작에 포기했을지도 모른다. 달리기라는 대표적인 유산소운동을 하면서 호흡에 신경을 쓰게 되어 담배를 피우면서도 흡연에 대해 의식하기 시작했다. 그래서 흡연량이 조금 줄기는 했지만 여전히 담배를 피웠다. 그리고 일주일에 적어도 두세 번 정도는 있게 마련인 술자리(자의반 타의반으로 조성되는)도 변함없이 즐겼다. 오히려 달리기 이후 술과 담배 맛이 모두 좋아졌다. 담배는 빠는 맛이 깊어졌고, 술은 넘기는 맛이 넓어졌다.

무엇보다 큰 변화는 변함없이 바쁜 생활 속에서도 짬을 내어 무리하지 않고 달리기를 한다는 것이다. 전에는 시간이 나야, 시간이 남아야 운동할 생각을 했는데 이제는 어떻게든 시간을 내어 달리기를 한다는 점이다. 물론 과음이나 야근으로 아침에 일찍 일어나는 게 여의치 않기도 했고, 회사 일이나 개인적 사정 때문에 시간 내기 쉽지 않은 날도 많았다. 하지만 아침 시간이 안 되면 저녁 시간에, 저녁 시간이 안 되면 밤에, 평일이 여의치 않으면 주말에… 이런 식으로 편안하게 생각하니, 일주일에 두 번, 한 시간 정도의 시간을 내는 게 크게 어렵지 않았다. 이런 생각이 마음에 자리 잡기까지 수많은 유혹(오늘은 더 마셔, 그냥 제치는 거야)과 난관(몸이 찢어질 정도로 피곤해, 좀더 자고 싶어)이 달팽이 씨를 시험했고, 병가지상사(兵家之常事)로 굴복하고 패배했던 게 사실이다.

조금씩 달리기의 재미와 효과에 눈떠가던 달팽이 씨는 얼마 전부터 동네 운동장이 아닌 다른 곳을 달리기 시작했다. 집에서 약간 떨어진 곳에 위치한 한강둔치였다. 갑갑한 초등학교 운동장을 벗어나 활짝 트인 공간으로 나와 달리니 기분이 날아갈 듯 상쾌하고 신선했다. 물고기가 물을 만난 것처럼. 그런 기분 탓이었는지 달리

기 횟수도 일주일에 두 번에서 세 번으로 늘어났다. 그러자 문득 10킬로미터 정도는 무리 없이 달릴 수 있겠다 싶어, 내심 하프마라톤 완주 욕심까지 생겼다. 21.0975킬로미터 하프마라톤, 한번 달려볼까?

하프마라톤으로 첫 달리기 대회에 참가한다는 게 약간 무리가 있지 않을까 싶었지만, 왠지 10킬로미터 코스는 그다지 당기지도, 목표의식과 도전정신이 생기지도 않았다. 그렇게 하프 대회 참가를 결정한 달팽이 씨는 혼자서 많은 사람들 틈바구니에서 달린다는 게 아무래도 뻘쭘해 함께 달릴 수 있는 파트너를 꼬시기로 마음먹었다.

그러나 직장동료와 친구는 물론 자신의 마음을 그나마 이해해주는 친한 후배마저도 냉담한 반응을 보였다.

"형, 미쳤어요? 농담이죠? 어떻게 제정신 박힌 사람이 21킬로미터 아니 21.0975킬로미터를 달려요. 사과 깎는 게 귀찮아 사과를 먹지 않고, 길 건너 마트 가는 게 귀찮아 동네슈퍼를 이용하는 저 같은 귀차니스트가 어떻게 마라톤을 해요. 형, 차라리 가시면류관에 십자가 지고 골고다 언덕을 기라고 하세요. 그래도 기는 건 제가 좀 하니까요."

왜 다들 입에 거품을 무는지 달팽이 씨는 좀처럼 이해할 수가 없었다. 아직 두 달이나 남았고, 조금씩 천천히 준비하면 무리가 없을 것 같은데 왜 그렇게 펄쩍 뛰는지. 그러나 불과 얼마 전까지만 해도 운동장 몇 바퀴에 게거품을 물던 자신이 아니었던가. 개구리 올챙이 시절을 생각 못 하는 건 도리가 아니니, 후배 마음도 이해가

갔다. 그래서 대회 참가를 포기할까 하다, 지금 아니면 또 언제 참가해보겠냐 싶어 적극적으로 후배를 꼬셨다. 하지만 후배는 갖은 협박과 회유, 당근과 채찍이 씨도 먹히지 않았고, 바늘로 찔러도 피 한 방울 나오지 않는 진정한 귀차니스트가 분명했다. 도대체 달리지 않는 너의 이데올로기는 뭔데? 이렇게까지 몰아붙였지만 귀차니스트에게 이데올로기는 옆집 개소리로도 들리지 않는 게 분명했다.

"형, 지금 때가 어느 땐데 아직까지 이데올로기 신파타령이야. 난 술자리에서 달리는 걸로도 만족해. 먹고 죽을 시간도 없이 요즘 무지 바빠."

아이러니하게도 대개 귀차니스트의 핑계는 언제나 바쁘다는 거다. 그러나 그 실상은 시간의 탕진이거나 학살이다. 그들의 진면목은 가진 거라고는 시간밖에 없는 무기수와 같다. 이 시대의 아이콘이자, 희망이요 등불인, 이 세상에서 가장 바쁘게 사는 버락 오바마 형도 하루에 한 시간 이상은 운동을 한다고 하는데 우리도 운동 좀 해야 하는 거 아니니.

"형, 우리 같은 평민이 하루 한 시간 운동하면 혁명이 일어나요. 자본주의 사회가 붕괴하는 거지. 그럼 엄청 피곤해지고 귀찮아지잖아. 잘 알면서."

피곤하고 귀찮은 게 아니라 신나고 재미난 것으로 생각해봐. 그리고 달리기만큼 몸에 좋고, 스트레스 해소에 좋은 것도 없어, 알아?

"형, 저는요, 아직 젊어서요, 밖에 나가 달리기 하는 것보다 방구석에서 TV로 '개콘' 보는 게 정신건강에 도움이 되고요. 홀로 달리면서 환호하는 것보다 친구들이랑 당구치며 '아줌마 났어요'라고 외치는 게 제 몸에 맞는 보약 한 첩이라구요. 왜 하필 재미도 없는 달리기예요?"

그래, 그거야 당연하지. TV도 좋고, 당구도 좋고 다 좋은 데 이제 운동도 해야 한다는 거지. 어느덧 서른이잖아. 지금 안 하면 언제 할 건데. 불혹에, 지천명에, 그땐 하고 싶어도 하지 못할걸. 그리고 우리 같은 평민들은 몸이 재산이잖아, 아끼고 보살펴야지. 평민들의 진정한 재테크는 운동이야. 운동 중에서도 달리기는 노른자위 땅에 알박기이자, 이 시대의 블루칩인 동시에 지칠 줄 모르는 우량주이고, 황금알을 낳는 펀드라고. 그러니 운동 만큼 중요한 게 어디 있니.

"형, 운동보다 중요한 게 많아요. 생각해봐요. 저같이 서른의 터널에 진입하고 있거나, 이미 진입했거나, 형같이 터널의 끝을 보고 있을지도 모르는 많은 사람들에게 운동보다 중요한 게 무엇인지 길을 막고 물어봐요. 일단 미취업자에게는 취업이 중요하죠. 취업하려면 있는 스펙 없는 스펙 쌓기에도 시간이 부족한 거 아시죠. 어디 그것뿐인가요. 학자금을 갚아야 하는 학삐리들은 시간 쪼개서 하루에 한 탕, 두 탕 알바해야죠. 여자친구, 남자친구 만날 시간도 없다구요. 비정규직 인생이 널려 있어 가뜩이나 팍팍하고 힘들어 죽겠는데 무슨 재미로 달리기 같은 힘든 운동을 하겠어요. 그리고 운동이 어디 한두 푼 드나요. 뭐, 운 좋아 정규직이 됐다 쳐도, 회사에서 안정된 자리 잡기까지는 항상 야근에 따까리에 늘 5분대기 가시방석이죠. 그런데 운동을 한다구요? 그건 사치라구요. GNP 2만불, 3만 불 시대에 국민들의 생활체육, 생활운동을 사치재로 만드는 나라는 대한민국밖에 없을 거예요. 그런데 운동보다 중요한 게 없다구요?"

게거품이 아니라 광견병 걸린 개처럼 개거품을 물며 장광설을 내뱉는 후배 녀석의 입에 들이댄 당근은 10킬로미터 코스를 포기하지 않고 무사히 완주하면 최소 세 번 이상 과격하게 술을 쏜다는 유혹이었다. 어때, 같이 뛸 거지, 정말 같이 뛰는 거다. 약속 안 지키면 다시는 안 본다.

하프마라톤에서 10킬로미터 코스로 목표를 수정하고 달콤한 당근으로 후배를 꼬시는 데 성공은 했지만, 달팽이 씨는 마음 한 구석이 찜찜했다. 달리기 나아가 운동은 어디까지나 개인의 선택이고 취향이지만, 무엇인가 구조적으로 운동을 하지 못하게 만드는 것이 있다는 데에 동의할 수밖에 없었다. 달팽이 씨는 생각했다. '±' 오차범위 내의 서른 즈음인 당신이 달리기를 하지 않는 이유는 무엇인지에 대해서.

이유 1. 시간이 없다. 사회초년생이거나 얄팍한 사회적 기반조차 없는 이들은 분초를 다투어야만 이 살벌한 경쟁사회에서 간신히 살아남을 수 있다는 강박이 지배적이다. 물론 시간은 나이에 상관없는 모든 존재의 실존적 조건이다.

이유 2. 달리기뿐 아니라 운동이 필요하다는 걸 조금씩 느끼지만 운동이 가장 시급한 건 아니다. 아직 체력적으로 견딜 만한 서른이라는 나이 때문인지 몰라도, 운동보다 급선무인 것이 많다는 생각. 일테면 돈이나, 직장이나,

결혼이나, 연애 등등.

이유 3. 운동보다 재미있는 게 널려 있고, 특히 달리기보다 재미난 운동이 많다. 이는 운동을 잘 하지 않는 이유이면서, 운동 중에서 유독 달리기를 하지 않는 이유다. 달리기가 단순하고 지루하고 재미없다는 생각은 생활 속에서 달리기의 맛을 보지 못했기 때문에 발생한 편견이다. 이런 편견은 사회 구조적인 문제에서 기인한다. 요즘 아이들에게는 마음 놓고 뛰어놀 장소도 없고, 장소가 있다 해도 뛰어놀지 않는다. 뛰어노는 것보다 컴퓨터 게임에 몰입하고, 학교에서 학원으로 학원에서 또 학원으로 전전하기도 바쁘다. 아이들은 입시라는 사회화 과정을 거치면서 달리기의 본능과 재미를 잃어버린다. 그런 아이들이 성장해서 달리기를 시작하기란 도시를 등지고 귀농하는 젊은이들처럼 드문 일이 될 수밖에 없다.

이유 4. 달리기를 하고 싶어도 달리기를 할 만한, 달리고 싶은 그런 공간이 별로 없다. 신도시, 재건축으로 온 나라가 공사판이 되어도 걷기 좋고 달릴 만한 공간은 그다지 많이 생기지 않는다. 특히 한 평이 아쉬운 도심에서는 더욱 그렇다. 더 높이, 더 빨리 짓기에도 바쁜데 이런 사회기반시설을 고려하라는 것은 고양이에게 생선가게를 잘 지키라고 당부하는 것과 같다.

이유 5. 달리기를 비롯해서 운동을 하고 싶어도 돈이 없다. 아무리 경제적이라고 하는 달리기조차도 돈이 든다. 동네 입구 전봇대에 연중 내내 3개월 특별할인행사 현수막을 내건 헬스클럽 이용요금도 한 푼이 아쉬운 이들에게는 만만치 않은 금액이다. 이밖에 걷기, 자전거타기, 등산, 기타 등등의 레포츠와 운동을 즐기기 위해서는 돈이 제법 많이 든다. 돈 때문에 달리기를 안 하는 사람은 없겠지만 돈 때문에 운동을 하지 못하는 이들은 많다. 안타깝지만 사실이다. 기초생활보호대상자의 복지예산마저 줄이는 정부에 기대할 바 아니지만, 국민건강복지를 위해 그리고 국민건강보험의 건강한 재정 운용을 위한 미래 투자로 돈이 없어 운동을 하지 못하는 이들에게 헬스클럽이

> 나 근린생활시설을 무료로 이용할 수 있는 바우처 제도를 도입하는 것은 어떨까? 역시 사치다. 럭셔리 마케팅으로 끝없이 욕망을 부추기고, 비싸야 잘 팔리는 모순적인 사회에서 달리기는 그야말로 사치다. 짝퉁이 존재할 수 없는 달리기는 단순한 사치가 아니라 사치의 극치다. 그런데 왜 그토록 사치를 갈구하는 사람들이 달리기 같은 진짜 사치를 즐기지 않을까.

이밖에 서른 즈음인 당신이 달리기를 시작하지 않는 이유는 또 무엇인가?

경고!
담배와 달리기

경고 : ⑲세미만 청소년에게 판매 금지!
당신 자녀의 건강을 해칩니다.
담배연기에는 발암성 물질인 나프틸아민, 니켈, 벤젠, 비닐 크롤라이드, 비소, 카드뮴이 들어있습니다.

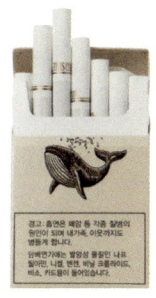

※ 담배를 피워보지 않았거나, 담배를 끊은 사람, 끊으려 노력 중인 사람은 이 장을 건너뛰시기를 권고합니다. ※

그다지 연관성이 없을 것 같은 흡연과 달리기에는 유사성과 긴밀하게 영향을 주고받는 관계성이 도사리고 있다. 이 유사성과 관계성에 대해 조금이라도 확실하게 알기 위해서는 담배를 피우는 당신이 달리기를 시작하거나, 달리기를 하고 있는 당신이 담배를 피워야 한다. 흡연도 달리기도 어디까지나 몸으로 하는 행위이니, 백문(百聞)이 불여일감(不如一感)이다. 이론적으로 아무리 좋은 점과 나쁜 점을 열거하고, 장·단점을 분석한다고 해도 몸으로 얻는 감각에 미치지 못한다.

그렇다고 비흡연자에게 흡연을 권하는 것은 결코 아니다. 이 장은 아직 금연하지 못하는 달팽이 씨의 매우 주관적인 독백과 핑계로 담배와 달리기와의 관계에서 얻게 되는 어떤 감(感)에 대한 이야기다. 이 이야기가 궁극적으로 희망하는 것은 달리기를 통해 금연을 하자거나, 더 잘 달리기 위해서는 금연을 하지 못하더라도 흡연량을 줄여야 한다는 옛날 담배인삼공사(지금의 KT&G)의 상식적이고 계몽적인 금연 캠페인 같은 게 아니다. 달리기와 흡연의 상호연관성에 대한 고찰을 통해 흡연과 달리기라는 행위를 좀더 깊이 향유하고 그 주관적인 의미를 스스로 만들어가자는 것이다.

흡연과 달리기의 첫 번째 유사점은 숨쉬기라는 행위의 기반에서 이루어진다는 점이다. 숨쉬기에서 비롯되지 않는 행위가 어디 있냐고, 당연히 따질 수 있다. 그렇다, 모든 행위는 숨쉬기에서 비롯된다. 숨쉬기가 전제되지 않는 행위는 살아 있는 행위가 아니며, 생이 맛볼 수 있는 감각을 주지 못한다. 그러나 숨쉬기를 의식하는 행위는 그다지 많지 않다. 그것도 들숨과 날숨을 규칙적으로 의식하는 행위는 태교와 출산을 위한 라마즈 호흡법 같은 것들이나 요가나 명상, 흡연과 달리기 그리고 걷기와 등산 정도가 아닐까. 그밖에 다른 어떤 행위가 들숨과 날숨을 의식하며 숨쉬기에 집중하게 만들 수 있을까. 역도?… 안타깝게도 모든 행위가 들숨과 날숨으로 이루어지지만 모든 행위에서 숨쉬기를 의식하지는 않는다. 만약 모든 행위를 숨쉬기를 의식하며 하게 된다면 행위 자체가 꽤나 부자연스러워질 것이 분명하다. 마치 일상의 모든 게 슬로모션으로 이루어지는 것처럼. 그런 모습은 세속의 시간을 초탈하여 조용한 산사에 은거한 수도승의 모습을 떠올리게 만든다.

　　예전에『화』라는 책으로 선풍적인 인기를 얻었던 틱낫한 스님이 이런 이야기를 한 적이 있다. 일상의 모든 행위를 의식적으로 지각하면서 해야 하는데, 걸을 때는 걷는 것을, 먹을 때는 먹는 것을 의식적으로 지각하면서 행해야 한다. 이런 훈련을 통해 사람들은 화에서 벗어날 수 있고, 그 행위의 참 즐거움을 얻을 수 있다는 이야기였다. 행위 자체를 의식적으로 지각하면서 행한다는 것은 다름 아닌 숨쉬기에 집중하면서 행하는 것과 같다. 그렇게 숨쉬기에 집중하면서 행할 때 일상의 모든 행위는 수행이 되고, 모든 행위가 즐거움이 될 수 있을지도 모르겠다. 그러나 한시가 바쁜 현대인에게 일상의 모든 행위를 숨쉬기에 집중하며 한다는 것은 고행 아니면 고문에 가깝다.

　　항상 스트레스에 시달리며 화에 휩싸여 있기 쉬운 현대인들에게 어쩌면 흡연은 손쉽게 접근할 수 있는 의식적인 숨쉬기일지 모른다. 흡연이 미약하나마 의식적인 숨쉬기의 기능을 한다면 백해무익이라는 흡연을 통해 일말의 정신적 위안과 안정을 얻게 되는 건 아닌지. 그러한 정신적 위안과 안정은 담배연기에 담긴 수많은 발암성 물질에서 비롯되는 것은 아닐 것이다. 그러한 독성을 가진 물질이 암과 중독을 일으키는 확실한 요인이겠지만. 물론 흡연은 몸과 마음을 암세포처럼 갉아먹는다. 달리기라는 의식적인 숨쉬기를 하게 되면 아무 생각 없이 입에 물게 되던 담배를 새롭게 바라보게 된다.

흡연자가 달리기를 시작하면 일차적으로 가래와 기침을 동반한 심각한 거부반응을 일으킨다. 그 거부작용은 숨쉬기의 방해물을 제거하기 위한 자연스런 반응으로 그 반응의 일정시간이 지나게 되면 호흡이 자연스러워지면서 달리기가 한결 쉬워진다. 러너는 그렇게 자신의 들숨과 날숨에 집중을 하게 되고, 그 집중으로 마침내 새로운 영역에 이르게 된다.

달릴수록 깊어지고 넓어지는 폐활량은 더 깊이 담배연기를 빨아들이고 더 멀리 내쉬게 만든다. 깊어진 담배맛은 곧 깊어진 숨쉬기 운동의 결과이다. 그렇게 깊어진 담배맛에는 분명 다른 무엇인가가 있다.

흡연과 달리기의 또 다른 유사점은 바로 '시간'에 있다. 어두운 창유리에 반사된 자신의 모습을 보면서 담배를 피우는 시간이나, 홀로 달리는 시간의 양태는 다르지만 비슷한 속성을 느끼게 한다. 희미하게 엉켜드는 연기와 강렬한 불꽃으로 타올라 결국 재로 남는 시간, 그것은 모든 것은 사라진다는 덧없음과 그 덧없음에서 오직 순간순간 강렬하게 타올라야 한다는 점을 일깨운다. 지나가버린 과거나 다가오지 않은 미래의 시간이 아니라 지금 여기에 있는 현재의 시간.

현재의 시간은 고독을 통해 지각되고, 지각된 현재의 시간은 고독을 불러온다. 현재의 시간이 불러온 고독과 고독이 불러온 현재의 시간에는 담배연기에 포함되어 있는 발암성 물질 같은 독소들이 들어 있다. 그 독소들을 회피하지 않고 직시할 때 폐부 깊은 곳에서 느끼는 자극과 통증은 활활 타오를 수 있는 에너지가 된다.

순간순간 재를 남기며 사라지는 현재의 시간 속에서 러너는 달리면서 강렬하게 타오르는 경험을 느낀다. 그리고 이런 경험을 오래 지속시키고자 강한 금연 충동과 동시에 의식적인 흡연 욕구를 느낀다.

만약 금연을 위해 달리기를 시작했다면 늘어난 폐활량과 독소에 대한 면역력이 흡연 충동을 부채질하여 오히려 금연에 실패할 확률이 높아질 수 있다. 금연이라는 수단으로서가 아니라 달리기 그 자체의 재미에 빠지게 된다면 서서히 담배를 줄이게 되면서, 자연스럽게 담배를 끊을 수도 있다. 분명한 것은 달리는 동안 만큼은 담배를 피울 수도 없고, 담배 생각도 나지 않는다. 따라서 더 자주 더 오래 달릴 수 있게 된다면 적어도 흡연량은 감소될 것이며, 이와 반대로 흡연의 질은 높아질 것이다.

> 경고 : 달리기는 건강, 특히 폐활량을 좋게 하여 담배의 깊은 맛으로 유도, 흡연의 질을 높게 만듭니다. 높아진 흡연의 질은 담배를 끊기 어렵게 만듭니다.

13
서른, 누구도 당신을 위로할 수 없을 때의 달리기

실연당한 후 달리기를 시작했다.
한참을 정신없이 달리다 보면 땀이 흐른다.
수분이 다 빠져나가면
눈물이 나오지 않을 거라 믿기 때문이다.

— 영화 〈중경삼림〉 중에서

모든 이별은 언제나 시작이다. 시작으로 되돌리는 리셋 버튼 같은 이별. 누가 그 버튼을 눌렀는지는 중요하지 않다. 당신 아니면 나이거나, 나 아니면 당신이 분명하다. 그것도 아니면 당신과 나 사이에 있는 그 무엇이 낯선 타인의 시선으로 서로를 바라보던 그 상태로 되돌려놓았는지도. 글쎄 그게 뭘까? 곰곰이 생각해도, 생각하지 않으려 해도, 어렴풋이 알 것 같기도 하고 전혀 알 수 없을 것 같기도 하다. 그렇게 시계초침은 흔들린다. '똑– 똑–' 당신과 나 사이를 오락가락하는 시간들. 그 시간들이 만들어내는 홀로그램 같은 기억들을 붙잡기 위해 서성이는 그림자. 이제 또 무엇을 해야 하나.

리셋 버튼을 누른 후 다시 부팅이 될 때까지 당신은 무엇을 하는지 궁금하다. 내 '컴'은 아무래도 너무 고물인 것 같다. 다시 창이 뜨기까지 시간이 너무 오래 걸린다. 업그레이드를 시켜야 하는데 좀처럼 방법을 모르겠다. 주인을 닮아 너무 구식이고 고지식해서 그런가. 용산에 가면 마음도 업그레이드시킬 수 있을까, 농담이다. 하지만 재부팅되기까지 나는 가만히 내 마음을 업그레이드시켜본다. 실은 창문을 열고 눈을 감은 채 조금 더 깊게 조금 더 넓게 담배를 빠는 거다. 한 가지 다행인 것은 어쨌거나 기다리고 있으면 결국 다시 창이 뜬다는 사실이다. 새롭게 마주하는 세상, 그리고 '굿바이 블루 스카이'를 외치며 푸른 하늘 속에 마우스의 작은 꼬리를 띄우는 거다. 자, 보여?

쉬울 리가 없다, 이별을 받아들인다는 게. 아프지 않을 수가 없다, 이별 후의 시간을 견딘다는 게. 하지만 인생은 이별의 연속이다. 탯줄 끊어지는 순간부터 인생은 이별의 쳇바퀴를 돈다. 죽을 때까지. 그다지 위안이 되지 않겠지만 이별은 생이 맛볼 수 있는 가장 큰 고통이면서 가장 큰 축복인지도 모른다. 탯줄 끊고 나온 아이도 처음에는 신나게 울음을 운다. 그렇게 울고 싶을 때까지 울고 나면 새로운 세상이 보인다.

어쩌면 탯줄이 아니라 정자와 난자가 수정되는 그 순간, 그러니까 우리들 존재의 시원이라고 해야 할 그 시작부터가 이별이다. 수정란 세포분열의 시작, 그건 끝없이 반복되는 이별의 생리학적 현상이다. 프랑스 철학자 조르주 바타유는 그 이별의 순간(세포분열 혹은 죽음)을 에로티즘, 죽음까지 파고드는 합일(合一)에의 욕망으로 설명한다. '분분한 낙화… 결별이 이룩하는 축복에 쌓여 지금은 가야 할 때'라는 시구처럼 역설적이게도 우리는 쓰디쓴 이별을 통해 생의 열락(悅樂)을 맞는다. 허나, 가야 할 때를 알고 가는 뒷모습이 아름답더라도 적어도 말 한마디 남겨주는 게, 최소한 문자 메시지라도 한 통 넣어주는 게 인간에 대한 예의임을 잊지 말아야 한다. 나중에 피눈물 흘리기 싫다면 말이다.

영화 〈중경삼림〉에서 경찰 넘버 233(금성무 분)은 실연을 당한다. 사랑의 유통기한을 만년으로 하고 싶어하는 그는 빗속을 달린다. 실연당한 그가 달리는 이유는 몸 안의 모든 수분이 빠져나가면 더 이상 눈물이 나지 않을 것이라고 믿기 때문이다. 또 다른 경찰 넘버 633(양조위 분)은 이별 후 타인에게 말걸기가 두려웠는지, 수건, 비누 그렇게 사물들에게 말을 걸어 외로움을 달랜다.

살다 보면 이별이 주는 아주 깊은 공허를 만나기도 한다. 지구에서 떨어져나온 느낌, 어느 날 갑작스럽게 사라진 중력. 점점 더 멀어지는 지구를 깊은 공허 속에서 바라봐야 하는 시간. 그렇게 이별을 맞이하고 나면 지구라는 이 '별'에서 할 수 있는 건 별로 없다. 그 깊은 공허 속을 달리거나, 공허 속에 놓인 사물들에게 말을 거는 것 외에는.

"달팽이 형, 나야… 그냥 그럭저럭 견딜 만해… 술? 요즘 나 달리기해. 땀 흘리니깐 정말 좋던데, 생각도 없어지고… 형, 우리 10킬로미터 달리기로 약속했잖아. 이렇게 계속 달리면 마라톤도 할 수 있을 것 같아… 그래, 언제 같이 한번 달려… 그럼, 형도 잘 지내…"

지금의 너의 이별로 또 다른 만남이 조금 더 찬란해지기를. 그리하여 이별이 아파 만남을 두려워하기보다 만남의 순간을 후회 없이 사랑할 수 있게 되기를.

14
불안 속에서의 달리기

얼굴에 와닿는 밤의 입자들,
불안하다.
신경을 긁어대는 이것들은 도대체 뭔가?
발가락은 나와 상관없는 세계에서 무좀을 앓고 있어
나는 결코 이 가려움을 긁을 수 없다.
내가 할 수 있는 것은 겨우
어둠 속에서 멀뚱멀뚱 눈을 껌뻑거리거나 이불 속에서 발가락을 꼼지락거리는 게 전부다.
언제였던가? 웃으며 잠들 수 있었던 시절은…
자꾸만 옷자락이 낀다.
이 불안함을 떨쳐내기 위해서는, 그래 무언가를 해야 한다.

하지만 뭘?

이불을 걷어차고 일어나 냉장고 문을 연다.

문을 열다 말고, 왜 냉장고 문을 열어야 하는지에 대해 생각해본다.

목이 말랐나? 배가 고팠나? 아니다.

나는 왜 냉장고 문을 열었을까.

한줄기 노란 불빛이 새어나오는 빼꿋 열린 냉장고 문틈을 보며 불현듯 깨닫는다.

나와 너 사이에 존재하는 이 거대한 간극을…

밤 12시 넘어 달팽이 씨가 조깅을 나선 것은 알 수 없는 불안 때문이었다. 잠은 오지 않고 갑작스럽게 덮친 불안의 그림자가 대책 없이 커졌다. 평소 같았으면 담배를 피우며 불안의 그림자를 떨어내거나, 알코올 기운을 빌려 잠을 청했을 테지만 그날따라 어둠 속에 누워 바라보는 불안의 질감과 농도가 달랐다.

  꼼짝없이 숲속 마녀의 불길한 주문 같은 어둠에 사로잡힌 기분이랄까. 모든 게 불확실하게 다가오고, 어떤 의미도 찾을 수 없는 어둠. 붙잡으려 할수록 멀어지는 기억을 좇는, 그러다 뒤돌아서면 아무도 없는 허방. 도대체 왜 이곳에 있는 걸까. 나는 어디로 가고 있는 걸까. 내가 원하는 것은 정말 무엇일까. 불가지(不可知)하고 불확실(不確實)하고 부조리(不條理)한 B급 공포영화 세트 같은 이 세계는 무엇이고, 그곳에서 살아야 하는 나는 무엇인가. 그런 밑도 끝도 없는 물음들이 꼬리에 꼬리를 무는 시간.

쥐꼬리만 한 급여에 과중한 스트레스를 주는 회사. 그다지 재미를 찾을 수 없지만 먹고살기 위해서는 해야만 하는 업무. 어김없이 월초면 돌아오는 카드 결제일… 이성, 섹스, 결혼, 성공, 꿈, 그 모든 불확실함과 더불어 자꾸만 자신이 없어지고 무기력해지고 신경을 예민하게 만드는 불안. 그런 불안 속에서 달팽이 씨는 달리기 시작했다. 어둠 속으로 한 발 한 발 내디디며 달팽이 씨는 불안에서 도망치려고만 했던 자신을 만날 수 있었다. 지금까지는 시도 때도 없이 찾아오는 불안을 그때그때 대충 덮어버리면 된다고 생각했다. 그러나 숨을 몰아쉬며 달려나가고 있는 지금 달팽이 씨는 불안의 얼굴을 보고 싶었다. 그리고 불안의 얼굴을 보기 위해서는 불안과 정면으로 맞서야 한다고 느꼈다. 그 맞섬, 불안과의 일대일 맞짱은 지금 이 순간 격렬하게 움직이며 시간과 공간을 느끼고 있는 자신의 몸에서 비롯되어야 한다.

존재라는 초상의 뒷배경이 어떤 색이든 자세히 들여다보면 그곳에는 불안이 도사리고 있다. 불안할 수밖에 없는 존재는 차라리 불안에 안주하기를 바란다. '인생 뭐 있어'라며 쓸쓸한 자조에 위안을 얻다가도 이내 불안에 안주할 수 없음을 깨닫는 존재는 거식과 폭식으로 불안을 달래기도 하고, 폭음과 끽연으로 불안을 외면하기도 하고, 조울증과 같은 급격한 감정적 변화로 불안의 얼굴을 감추기도 한다. 의식과 무의식의 수면 위를 부표처럼 오르락내리락 하는 존재의 불안을 종종 화장실 거울 앞에서 목도한다. 손을 씻다, 면도를 하다, 코딱지를 파다 아님 그냥 무심코 거울 응시하다가… 어,

이건 뭐지?

처진 뱃살, 눈가의 주름, 늘어난 새치, 모공이 커진 땀구멍만큼이나 갑자기 커지는 불안… 우리가 화장실에서 불안을 의식적으로 감지하게 되는 것은 화장실이 숨기고 있는 어떤 특별한 기능 때문이다. 그로 인해 화장실은 단지 배설물을 위생적으로 처리하는 일상적 공간이 아닌 존재의 근원을 뒤흔드는 철학적인 공간으로 탈바꿈되는데 이는 화장실에 있는 은폐된 존재의 죽음, 바로 존재가 싸질러놓은 배설물 덕분이다. 똥, 오줌, 눈물, 콧물… 생의 배설물을 통해 우리들은 죽음의 얼굴을 본의 아니게 보게 된다.

욕망에 사로잡힐수록 존재의 불안은 커지고, 커진 불안을 떨치기 위해 존재는 조금씩 물화된 욕망의 대상에 집착한다. 더 많은 물질과 더 강한 자극과 더 지독한 섹스… 이는 존재의 죽음을 방부 처리하여 영원한 삶을 살겠다는 중독된 욕망이다. 그리고 그것을 지향하는 것은 차가운 족쇄를 차고 감각의 제국에서 거대한 수레바퀴를 돌리는 노예임을 자임하는 일이다. 존재의 죽음을 의식적으로 외면하는 공간에서, 영원히 욕망할 수 있을 것 같은 착각의 전후에서, 불안은 더 크고 깊은 아가리를 벌리고 다가온다.

과연 존재는 불안에서 벗어날 수 있을까? 어리석은 물음은 언제나 단순한 진리를 내포한다. 우리는 결코 욕망과 불안, 죽음에서 벗어날 수 없다. 이 당연한 깨달음 속에서 존재와 욕망과 불안과 죽음의 관계를 응시하는 것만이 우리가 할 수 있는 전부인가? 아니다. 우리가 비록 그 어느 때보다 사랑이 불가능해진 시기를 살고 있을지라도….

"존재하는 것으로부터 가장 위대한 결실과 가장 큰 기쁨을 수확하는 비결은 위태롭게 사는 것이다. 너의 도시를 베수비오 산기슭에다 세워라!"

— 니체

불안 속에서 달리기는 불안의 얼굴을 응시하려는 노력이다. 피할수록 불안의 얼굴은 커지고, 커질수록 감추기에 급급해진다. 불안의 얼굴을 응시하기 위해서는 용기가 필요하다. 허위와 가식이 아닌 날것 그대로의 모습, 화장발이 아닌 맨얼굴의 실체. 아름다운 낭만과 상상 속의 현실이 아닌 더럽고 치욕스럽고 구차한 현실을 바라볼 수 있는 용기가. 왜냐하면 불안의 얼굴은 욕망의 대상이 아닌 욕망의 대상에 비친 자기 자신의 얼굴이기 때문에. 그런 응시를 통해 욕망의 대상과 그 대상을 바라보는 자신을 더 잘 파악하고 이해하게 된다.

15
취미로서의
달리기

청년실업자와 비정규직으로 대변되는 고용불안이 일반화된 오늘날 '세상은 넓고 할 일은 많다'라는 말은 그다지 위안이 되지 않는다. 이 말은 두 자릿수 성장률을 기록하던 아득한 향수를 자극하는 고성장 산업개발주의 시대에 알맞은 모토일 뿐이다. 혹여 무한경쟁이라는 신자유주의 시대에 꼭 들어맞는 것이라 할지라도 그다지 재미있지도 당기지도 않는다.

15인치 노트북 모니터 액정으로 들여다보는 세상은 넓기보다는 오히려 좁다. 할 일이 많은 게 아니라 욕망만 걷잡을 수 없이 늘어났을 뿐이다. 그리고 늘어난 욕망 속에서 실제로 할 수 있는 건 별로 없다. 딱히 시간도 없고 돈도 없다는 구차한 변명의 레퍼토리가 일상을 맴돌 뿐.

하지만 싫든 좋든 여가는 늘어난다(안타깝게도 우리나라는 OECD 국가 중 최장의 노동시간을 가지고 있지만). 언제 잘릴지 모르는 불안함과 조퇴, 명퇴로 코앞에 닥친 고령화 사회와 주5일제 근무의 확대시행과 비정규직의 가속화는 앞으로도 여가를 지속적으로 늘릴 전망이다.

늘어난 여가가 꼭 좋은 것만은 아니다. 시간이 있는데 해야 할 것도, 하고 싶은 것도, 할 수 있는 것도 없다면 여가는 놀이와 휴식의 시간이 아니라 공허 속의 절규와 발악의 시간이 된다. 시간은 있는데 돈이 없거나, 돈은 있는데 시간이 없는 딜레마에 빠져 허우적댈 수도 있다. 대부분 돈이 부족한 이들은 돈만 있으면 시간은 얼마든지 만들 수 있다는 '시간은 돈'이라는 절대공식을 자나 깨나 강박처럼 달달 외우며, 조금이라도 젊었을 때 한 푼이라도 더 벌어야 한다고 마음을 굳게 다진다. 결혼도 미루고, 출산도 미루고, 목표한 재테크가 완성되는 그날까지 젊음을 올인한다. 그런 각오로 몸과 마음을 추슬러 '투잡' '쓰리잡'을 뛴다고 해도 늘어난 여가와 뛰는 물가와 치솟는 집값은 상대적 박탈감을 가중시키거나, 끝이 없는 워커홀릭의 구멍 속으로 빠져들게 만든다. 행여 경제적으로 좀 나아졌다 한들 여가의 질은 그다지 달라지지 않는다. 삼겹살이 한우등심으로 바뀌고, 대형마트 쇼핑이 백화점 명품관 쇼핑으로 변하고, 동네 학교 운동장에서 서울근교 필드로 장소가 옮겨진다 한들, 여가를 여가답게 제대로 누려본 적이 없는 이들에게 여가는 언제나 몸에 걸친 빛나는 '짝퉁 명품'일 뿐이다.

여가를 어떻게 사용해야 자신이 조금 더 행복해질 수 있을지에 대한 연습이 필요하다. 또한 잘 놀고 잘 쉬어야 일도 더 잘할 수 있는 건 당연하다. 무엇인가에 몰입할 수 있는 취미는 생산성을 높인다. 단순히 생산성만이 아니라 이 시대가 요구하는 상상력과 창의력을 발휘할 수 있는 자양분이 된다.

달리기는 많고 많은 여가 활용법 중의 한 가지다. 달팽이 씨도 달리기가 취미가 될 줄은 몰랐다. 육체적으로 정신적으로 더는 이렇게 살면 안 되겠다는 지점에서 우연히 달리기를 만났고, 달리기를 하나의 터닝포인트로 삼았을 뿐이다.

그러나 점점 달리기가 재미있어졌다. 신기했다. 달리지 않는 이들에게 달리기의 재미를 설명하기란 봉황의 뜻을 참새에게 이해시키는 것 만큼 힘들지도 모르겠다. 그렇다고 러너들이 봉황이라는 소리는 절대 아니다. 그들은 오히려 가늘고 길게 가는 것을 목표로, 지구력을 미덕으로 일상의 창가에서 부산스런 날갯짓으로 지저귀는 참새에 가깝다.

"취미가 뭐예요?"

간혹 만나게 되는 이런 형식적인 물음에 달리기를 한다고 하면 이상한 별에서 온 것처럼 신기하게 바라보는 이들이 있다. 특히 젊은 사람일수록 생경한 반응을 보이는 경우가 많다. 사람마다 개성이 다르듯 취미의 세계도 다양하다. 그 다양한 세계의 깊은 맛을 전부 알 수는 없다. 그저 자기에게 맞는 취미를 찾아 정 주고 마음 주고 사랑도 주면서 살면 그것으로 족하다.

"달리기가 재미있어요?"

이렇게 또 물으면 솔직히 대답해야 한다. 달리기는 재미없다.

"그럼 재미없는 걸 왜 하세요?"

이쯤 되면 진지하게 대답해야 한다. 재미없는 게 달리기의 진짜 재미라고. 달리기는 재미보다 고통에 가깝다. 그 고통은 스스로 만들어가는 고통이다. 외부에서 주어진 고통이 아니라 자발적 선택에 의한 고통. 그리고 그 고통을 견디어내며 새로운 자신과 만나게 될 때 살아 있음의 희열과 고통에 대한 자신감을 느낀다. 일종의 엔도르핀이다. 이런 만족감과 자신감은 삶에 활력을 주고 불안 속에서 용기 있는 도전을 가능케 한다. 달리기가 고통에서 얻는 기쁨이라는 점에서 약간은 변태적이고 마조히즘적인 성향으로 비칠 수도 있다. 일정부분 러너는 변태다, 아주 긍정적인 영향을 추구하는 변태.

또한 혼자 해야 하는 달리기는 심심하고 단조롭고 따분하기까지 한 운동이다. 축구, 야구, 농구와 같은 단체운동과 달리 개인운동이다. 물론 단체나 동호회 활동으로 다른 이들과 함께 서로를 격려하며 달리기를 할 수도 있지만 그 본질에 있어서는 혼자 하는 운동이다. 마치 인생이 본질적으로는 혼자인 것처럼. 그래서 개인적인 성향이 강한 사람들이 좋아하는 운동이다.

안타깝게도 서른 즈음이 되면 사는 게 마냥 신나고 재미있는 게 아니라는 것을 알게 된다. 이십대의 팔팔하던 육체적 능력은 조금씩 처지고, 감(感)은 떨어지고, 자신을 둘러싼 사회적 관계는 결혼과 출산과 직업 등의 다양한 이유로 변하기 마련이라는 것을 깨닫게 된다. 하지만 변화된 상황과 조건 속에서도 서른 즈음의 일상은 계속되고, 또 계속되어야 한다. 그러면서 자신의 변화된 상황과 조건에 알맞은 새로운 재미를 찾아야 한다는 것을 느끼게 된다. 이십대와는 달리 좀더 자신의 일상에 적합하며 개성에도 어울리고 나아가 유용하고 재미까지 있으면서 지속가능한 취미를.

어디 괜찮은 취미 없을까? 한번쯤 이런 고민으로 여러 가지 운동을 알아보고 있다면 달리기는 하나의 좋은 대안이 될 수 있다. 자 그러면 어떤 이들에게 달리기가 취미로서 어울릴지 살펴보자.

1. 개인적 성향이 강하여 스스로에게 몰입하기를 좋아하는 사람.
2. 운동을 좋아하나 딱히 시간이 없다는 핑계로 동네 헬스클럽 3개월 회원에 등록하여 서너 번도 가지 않은 쓰라린 기억을 가지고 있는 사람. 달리기는 언제든 어디서든 쉽게 할 수 있다.
3. 운동을 하고 싶으나 돈이 없어 걱정인 사람. 달리기 만큼 경제적인 운동도 없다.
4. 음주와 흡연을 유일한 낙으로 삼고 있는 사람. 또는 술과 담배를 줄이거나 끊으려 노력하는 사람. 달리기는 만성화된 음주와 흡연에 새로운 활력을 불어넣어줄 뿐 아니라 자제와 절제의 미덕을 체득시켜 금연과 금주에 일정한 도움을 준다.
5. 앞날에 대한 만성불안과 스트레스에 시달리는 사람.
6. 외적인 만족감(체중감량과 몸매)과 내적인 자신감이 필요한 사람.
7. 달리기에 대한 즐거움을 전혀 모르는 사람. 이런 사람이 한번 달리기의 매력에 빠지면 달리기에 중독될 소지가 많다.
8. 오래도록 할 수 있는 운동을 찾는 사람
9. 아무 생각도 하기 싫은 사람.

16
달리는 달팽이 씨, 김과장과 화해하다

도대체 사람은 살면서 몇 번의 고비를 맞게 될까? 하루하루가 고비의 연속이지만 문득 달팽이 씨는 이런 생각이 들었다. 이런 심적 배경에는 자신을 갈구는 김과장의 표독스런 눈빛에 언제나 깨갱 하며 꼬리를 내려야 하는 씁쓸한 인생이 있었다.

항상 트집을 잡지 못해 안달이고, 마땅한 이유도 없이 무작정 '족치는' 것에서 존재의 가치와 흐뭇함까지 느끼는 김과장에게 사표를 내던지는 모습은 그야말로 성적 판타지보다 더 달콤한 판타지였다.

그러다 한번은 심각하게 사직을 생각했다. 온갖 고난과 역경을 뚫고 간신히 얻은 직장이지만 더 이상 견딜 수 없다는 한계치에 다다른 느낌 때문이었다.

관둬, 관두지 뭐. 여기 아니면 어디 갈 데가 없겠어. 굶어 죽기야 하겠냐고. 이러다가도 또다시 황야의 가시밭길을 맨발로 헤매야 한다는 두려움이 슬그머니 현실론을 끄집어냈다. 아무 대책도 계획도 없이 관두면 뭐할 건데, 좀더 이성적으로 현실을 직시해야지.

이런 고민과 스트레스가 반복되는 일상 속에서 그나마 달팽이 씨에게 위안을 주는 건 달리기였다. 달리면 잠시나마 잊을 수가 있었고 멀어질 수가 있었다. 흠뻑 땀을 흘리고 나면 뭐랄까, 세상이 조금 달라 보였다. 김과장의 갈굼도 그 갈굼을 고스란히 감내해야 하는 자신의 상황도 왠지 하찮아 보이고 별것 아닌 것 같았다. 이 사회를 굴리는 무수히 많은 톱니바퀴 중의 하나로서 어떤 동질감을 느끼며, 나아가 인류애마저 발휘할 수 있을 것 같았다.

달리면서 달팽이 씨는 생각했다. 자신이 처한 상황에 대해 좀더 이성적이고 현실적으로. 이런 접근은 혼자만의 공간과 시간 속에서 가능해진다. 달리기로 이런 시간과 공간을 얻을 수 있다는 건 여간 고마운 일이 아니다. 유독 자신에게만 냉혹하고 표독스럽게 대하는 김과장에 대한 결론은 이랬다.
'그냥 적당히 받아주면서 생까자. 그 사람의 독특한 개성으로 여기고 무시하자.' 이렇게 생각하니 불같이 치솟던 감정과 비이성적 판단이 누그러지면서 마음이 조금 편해졌다. 속도를 높여 계속 달려나갔다. 그러자 거칠어지는 호흡 속에서 또 다른 생각이 들었다.
과연 그렇게 적당히 모른 척 지내는 게 옳은 일일까. 행여 그렇게 견딘다 한들 얼마나 오래 견딜 수 있으며, 본질적인 해결책이 아닌 미봉책으로 얼마나 즐겁게 일할 수 있을까. 무언가 맺힌 게 있다면 풀어야 하고, 쌓인 게 있으면 정리를 해야 하는 게 인간의 도리이자 예의가 아닌가. 아무리 직장에서의 상사와 부하의 관계라고 해도 그 근본은 인간으로서 맺는 관계가 아닌가. 너무 인간적일 필요는 없겠지만 그래도 최소한이나마 인간적인 관계로 복원하고 유지할 수는 없을까. 이런 생각에 미치자, 김과장의 갈굼은 갈굼이 아닌 편애라는 동료의 말이 새삼스럽게 다가왔다.

"다 자기 잘되라고 그러는 거 아니겠어. 과장님은 자기만 좋아한단 말이야. 긍정적으로 생각해."

사고의 틀을 바꾸어야 새로운 게 보인다고 하지만, 살짝 사고의 초점을 비틀기만 해도 충분히 새로운 게 보인다. 김과장이 자신을 갈구는 게 아니라 편애하는 것이라 생각하니 독사 같은 김과장의 눈빛에서 새로운 걸 읽을 수 있었다. 비록 자신의 의도를 충분히 드러내어 제대로 전달하지 못해 오해를 불러온 것이었으나, 그건 틀림없이 관심과 걱정이 어느 정도는 배어 있는 시선이었다. 생각이 여기에 미치자, 김과장의 시선에서 느꼈던 차가움마저도 김과장을 바라보는 자신의 차가운 시선이 반영된 결과일지 모른다는 반성에 이르렀다.

자신을 먼저 돌아보지 않고 남을 먼저 탓하고, 자신의 잘못은 덮어두고 남의 허물만을 지적하는 부끄러움이 밀려왔다.

그래, 내일부터는 김과장을 대하는 내 태도를 먼저 바꾸는 거야. 웃는 얼굴로, 부드러운 말씨로. 할 수 있어, 어려운 일도 아니잖아. 따지고 보면 다 내 잘못과 실수에서 비롯된 것이지 아무 이유가 없었던 건 아니잖아. 만약 김과장이 이유 없이 갈구고 괴롭힌다면 그땐 솔직하게 까놓고 말하는 거야. 인간적으로.

멈추어 숨을 골랐다. 허리를 굽힌 채 무릎을 짚고 서서 바닥에 뚝뚝 떨어지는 땀방울을 보니, 인간적이라는 말이 얼마나 어려운 말인지, 그리고 인간적으로 산다는 게 얼마나 힘든 것인지, 이런 뜬금없는 생각이 들었다.

핸드폰을 열고는 어둠이 짙어지는 밤하늘을 올려다보았다. 망설여졌지만 용기를 내어 꾹꾹 문자를 찍었다.

'과장님 달팽이입니다. 잘 들어가셨어요? 앞으로 더 많은 지도편달 부탁드립니다.'

이유를 알 수 없는 미소가 그윽이 번졌다. 그리고 그 미소의 끄트머리에서 '딩동―' 하며 메시지가 도착했다.

'너 미쳤냐? 웬 문자질이야. 암튼 내일 회의 준비 잘해, 수고하고.'

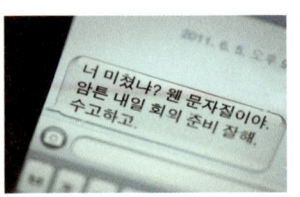

그래, 잘할 수 있어.

17

달리기,
몸의 노래를 듣는 시간

"현(鉉)을 너무 팽팽하게 조이면 끊어지고 너무 느슨하게 매면 소리가 나지 않는다네."

– 헤르만 헤세, 『싯다르타』 중에서

깨달음을 얻기 위해 권세와 부귀영화를 버리고 수행자들을 찾아가 고행을 시작한 고타마 싯다르타는 피골이 상접하여 아사(餓死) 직전까지 이른다. 그리고 그 순간 싯다르타는 강물을 따라 흐르는 배에서 들려오는 뱃사공의 독백과 연주에서 중도(中道)의 깨달음을 얻는다. 그리하여 수잔타가 가져다주는 공양을 받으며 마침내 요귀들의 온갖 박해를 물리치고 커다란 깨달음을 얻는다.

베르나르도 베르톨루치의 영화 〈리틀 부다〉와 헤르만 헤세의 소설 『싯다르타』에는 부처가 깨달음을 얻는 과정이 상세히 나타나 있다.

여기서 주목해야 하는 것은 깨달음이나 도(道) 같은 추상적이고 관념적인 것이 아니라 현(鉉)과 몸이라는 구체적이고 물질적인 것의 중요성이다. 나아가 몸과 현, 현이 만드는 음악과 몸이 만드는 깨달음, 그러한 것들의 상관관계다.

몸을 현이라고 했을 때 몸을 움직이는 것, 즉 몸을 움직여 무엇인가 활동을 한다는 것은 싫든 좋든 끝없이 소리를 만들어내는 일이다. 살아 있다는 것, 그리고 살아간다는 것은 그 자체가 소리의 연속적 생산이고, 이런 소리들의 집합이다. 소리를 만들어내지 않고 존재할 수 있는 것은 없다.

하루를 생각해보자. 잠에서 깨는 순간부터 다시 잠드는 순간까지 몸은 의식하지 못하는 많은 소리들을 수없이 만들어낸다. 하품에서 시작에서 하품으로 마감하는 하루 동안 몸이 만들어내는 소리들을 녹음하여 들어보고 싶기까지 하다. 과연 내 몸은 어떤 소리들을 어떻게 만들어내고 있는지 무척 궁금하다. 아무튼 그 소리들은 몸이 어떤 움직임을 어떻게 하느냐에 따라 다르게 나타난다.

자박자박 걷는 발소리와 뚜벅뚜벅 걷는 발소리, 의기소침한 발소리와 자신감 넘치는 발소리, 갑작스런 큰 기침소리와 숨죽여 내뱉는 기침소리, 사납고 거칠게 들리는 목소리와 부드럽고 온화하며 기분이 좋아지는 목소리… 이런 모든 소리들은 몸이라는 현을 통해 울려나온다.

만약 우리가 몸이 만드는 이런 소리들을 귀 기울여 잘 듣는다면 너무 느슨해져 있거나, 너무 팽팽하게 긴장되어 있는 현처럼 몸의 상태를 파악할 수 있다. 그래서 기타줄을 다시 조율하듯 몸을 자신이 원하는 상태로 적정하게 맞추는 것이 가능하게 된다. 그러나 다행스럽게도 우리는 소리 이전에 어떤 직감과 느낌으로 몸의 상태를 파악할 수 있다.

달리기는 몸이라는 현을 가지고 연주를 하는 것과 같다. 그것은 몸의 움직임을 의식하는 일이고, 몸의 노래를 의식적 또는 무의식적으로 듣는 것이다. 몸의 노래는 외부로 향하는 노래인 동시에 내부로 향하는 노래다. 이런 노래를 잘 연주하고 잘 듣기 위해서는 먼저 몸에 귀를 기울여야 한다. 현을 너무 팽팽히 조여서도 안 되고, 너무 느슨하게 매어도 안 된다. 그렇게 달리는 순간, 당신은 당신의 몸이 만들어내는 아름다운 소리를 듣게 된다.

18

행복으로 향하는 달리기

드디어 서른 살의 달팽이 씨가 달리기를 시작한 이유의 막바지에 이르렀다. 어느 날 문득 더는 이렇게 살 수 없다는 막연한 생각 속에서 달리기가 찾아왔다. 그렇다고 특별한 이유가, 별다른 대책이 있는 것도 아니었다. 그저 운동화를 신고 밖으로 나가 잊고 있던 달리기의 감각을 떠올리며 힘차게 발을 내디뎠다. 그리고 변화는 시작됐다.

조지 쉬언George Sheehan은 달리는 대부분의 사람들이 실제로 건강을 위해서 달리는 것은 아니라고 했다. 그는 주자들이 달리는 동기를 기초로 건강을 위해 달리는 조거jogger, 경주를 위해 달리는 레이서racer, 내면의 명상과 창조 그리고 몸과 마음과 영혼이 하나가 되기 위해서 달리는 러너runner로 분류하며 이렇게 말했다.

마지막에 가서 달리기는 모든 사물을 전체적인 시야로 바라보는 것이고 (…) 달리기는 조거와 레이서 들이 성취하기에는 매우 어려운 아름다운 이완 상태에서 몸과 마음 그리고 영혼이 하나가 되는 것이다.

그의 말은 달리기의 이상적인 경지를 담고 있다. 전체를 바라보며, 아름다운 이완 상태에서 몸과 마음 그리고 영혼이 하나가 되는 것. 눈을 감는다. 서서히 호흡을 느끼며 몸에 집중한다. 몸은 아름다운 이완 상태의 감각을 기억하고 있을 게 분명하다. 그 기억을 되찾는 것이다. 그리고 몸과 마음과 영혼이 하나가 되는 상태의 감각을 상상하며 달리기를 시작한다.

얼굴에 와닿는 바람의 감촉, 아스팔트를 차는 발목관절, 바닥을 차고 허공을 딛는 무릎과 허벅지, 그리고 상체의 가벼운 움직임. 달리기를 가능케 하는 뼈와 근육의 움직임이 느껴진다. 새로운 힘을 불어넣어주는 차갑고 신선한 공기가 몸을 가득 채운다. 그러고 나서는 조금씩 빠져나간다. 내뱉는 날숨의 숨결로 세상이 여러 빛깔로 채색된다. 메마른 가지에서 언뜻빛 어린 잎새가 놓는 나무가 되어 새하얀 꽃잎이 날리더니 어느새 노랗게 물든 잎들이 떨어진다. 바람소리가 귓가를 스친다. 햇살 속에서 비둘기들이 날갯짓을 하며 공원 벤치 위에 내려앉는다. 바닥에 코를 박고 쿵쿵거리며 어슬렁거리는 개와 호주머니에 두 손을 찔러넣은 채 걷는 산책자. 개와 산책자 모두에게 가볍게 한 손을 들어 인사를 한다. 개와 산책자 모두 고개를 갸우뚱거린다. 알 수 없는 미소가 번진다. 갓 볶은 원두 같은 그윽한 향기. 그 향기를 좇아 달린다. 눈을 뜨고 있지만 더 이상 눈에는 아무것도 보이지 않는다. 보이지 않는 향기가 길을 안내한다. 나는 장님처럼 길을 느낀다. 그 길은 온화한 노을 속으로 부드럽게 이어지기도 하고, 떠오르는 태양의 강렬함 속으로 뻗어나기도 한다. 밤이 되면 그 길을 따라 부끄러운 달이 옷을 벗기도 하고, 옷을 입기도 한다. 나는 장님처럼 길을 만진다. 그리고 그 길의 끝을 더듬는다. 유리잔을 채우는 맥주처럼 길이 몸 안으로 흘러들어온다. 아주 작은 구슬 같은 기포가 맺히고 부드러운 거품이 차오른다. 흘러넘치는 맥주 거품 같은 길이 조용히 세상을 채운다. 그렇게 한 잔의 맥주를 천천히 음미하듯 세상과 더불어 나는 달린다.

이런 감각을 느낀다는 것은 분명 행복한 일이다. 그렇다, 러너는 행복을 위해 달린다. 건강을 원하는 '조거'도, 경기에서 자기와의 경쟁에서 이기고, 지금보다 더 좋은 성취를 내기 위해 노력하는 '레이서'도, 내면의 명상과 창조를 위해 달리는 '러너'도 모두 그들의 행복을 위해 달린다. 비록 눈에 보이는 목적과 이익과 수단을 위해 달리고 있다 해도 그들은 모두 궁극적으로는 행복을 향해 달린다.

달리면서 느끼는 행복이 진정한 행복에 가까워질수록 단순 조거에서 점차 레이서로, 그리고 나서는 마침내 쉬언이 말하는 이상적인 러너로 바뀌는 것일 수도 있다. 행복이 구체적으로 무엇을 의미하는지 알 수 없고, 어쩌면 평생 찾을 수 없다 해도, 한 가지 분명한 것은 달리는 순간 만큼은 무척 행복하다는 것이다.

달리는 순간 만큼은 행복하다는 말은 포레스트 검프의 독백같이 들린다. 하지만 여기에는 달리기의 중요한 비밀이 담겨 있다. 그 비밀은 바로 달리면서 느끼는 행복이 불가능을 가능케 하고, 한계를 극복하게 만들며, 고난과 역경을 이겨내고, 도저한 부정마저도 긍정하게 한다는 점이다. 그것은 마법이다. 행복은 사랑과 마찬가지로 인생의 영원한 미스터리이고 풀리지 않는 아름다운 마법이다.

달리기가 주는 행복의 감각은 마약중독자나 알코올중독자가 마약과 알코올에서 얻는 감각과는 전혀 다르다. '주자의 도취감'이라는 러너스하이runner's high 와 같은 엔도르핀의 영향이 일부 있을 수 있겠지만 행복은 결코 호르몬의 정도 차이로 결정되는 것은 아니다.

행복이 무엇이고 그 이유는 또 뭔지, 그리고 달리기가 주는 행복의 감각은 무엇인지에 대해 논하는 것은 매우 어려운 주제다. 또한 간단히 해결될 문제도 아니기에 행복에 관한 달리기는 이쯤에서 멈춰야겠다. 숨이 벅차다.

하지만 '행복은 몸을 통한 시간과 공간에 대한 지각'이라는 달팽이 씨의 개인적 가설을 존중해본다면 달리기는 분명 행복을 지각하는 방법이다. 몸을 통해 시간과 공간을 지각하는 것은 행복한 일이다. 나만 있는 것이 아니라 시간과 공간 속에 함께 있다는 것. 그 안에 나뿐 아니라 너도 있다는 것. 시간과 공간을 느끼는 이 행복을 통해서 인간의 도덕적 감각 또한 살아나게 된다.

달리기는 몸으로 시간과 공간을 지각하는 수많은 방법 중에서 가장 원초적이며 본능적인 행위다. 게다가 달리기는 자칫 잊어버리거나 잃어버릴 수도 있는 도덕적 감각을 회복시킨다. 그리하여 달리기는 행복으로 인도한다. 모든 인간이 행복을 위해 살아가듯 러너는 행복을 향해 달리고, 달리면서 시간과 공간을 지각하며 행복해진다.

01

서른 살에 내딛는
달리기의 첫발

잃어버린 본능을 찾아서

서른 살인 당신은 다양한 이유에서 운동의 필요성을 느꼈고 그래서 달리기로 결심했다. 다이어트나 체중조절, 스트레스 해소, 그밖에 다양한 건강상의 이유와, 마라톤 대회 참가라는 어떤 구체적인 목적을 위해. 아니면 실연을 극복하기 위해서거나, 동료나 친구의 꼬드김에 빠져 달리기로 마음먹게 되었을 수도 있다.

중요한 것은 시작이다. 당신의 자발적인 의지에서 비롯된 첫발, 그것이 달리기 시작의 중요한 관문이다. 모든 시작에는 필연적으로 갈등과 마찰이 있게 마련이다. 사람들이 달리기를 시작해서 러너가 되기까지 평균 13회의 출발과 중단을 반복하게 된다고 하니 시작 자체에 큰 부담을 가질 필요는 없다. 그렇다고 대충 시작하라는 말은 아니다.

자신의 뜻이 아니라 주위 사람들의 권유와 강요에 못 이겨 달리기를 시작한다면 쉽게 포기할 수 있다. 그러나 자신의 의지에 따라 달리기의 세계에 진입하게 되면 시작하며 겪게 되는 마찰을 좀 더 쉽게 극복하고 그 매력에 빠져들 수 있다. 모든 습관과 마찬가지로 달리기가 몸에 익을 때까지는 시간이 필요하다. 그리고 그 시간은 고통과 아픔을 동반하고, 당신은 달리는 동안 좌절과 환멸을 느낄 수도 있다. 달리기는 고독하고 고통스런 운동이다. 그러나 달리기가 주는 고독과 고통은 달리기의 본질적인 매력이요, 즐거움의 원천이다.

어떤 목적이나 이유에서 달리기를 시작하게 되었든지 간에 달리기가 조금씩 재미있어 포기하지 않고 계속해서 꾸준히 달리게 된다면, 그리고 달려야 한다는 것을 깨닫게 된다면 그것만으로도 충분히 성공이다.

5킬로미터, 10킬로미터 개인기록이나 마라톤 완주, 나아가 서브포$_{sub-4}$나 서브스리$_{sub-3}$(마라톤 풀코스를 4시간 또는 3시간 내에 완주하는 것) 같은 것들은 어디까지나 달리기를 통해 얻는 부수적인 결과일 뿐이다. 그것에 집착해서도 안 되고 집착할 이유도 없다. 또한 달리기를 시작하면서 '나는 달리기에 재주가 없어, 내 몸은 달리기에 적합하지 않아, 내가 달리는 모습은 다른 러너에게 웃음거리밖에 되지 않을 거야'라는 부정적인 생각은 떨쳐내야 한다. 대다수의 러너들이 비슷한 조건과 상황에서 달리기를 시작한다. 달리기는 특정한 사람만을 위한 운동이 절대 아니다. 달리기는 누구에게나 열려 있는 본능적인 활동이요, 아주 자연스런 행위다. 그러니 걱정할 필요는 없다. 당신이 꾸준히 달리기를 하게 된다면 당신의 몸은 조금씩 변할 것이다. 달리는 동안 당신은 자연스럽게 달리는 방법을 스스로 체득하게 될 것이고, 당신의 몸은 점점 더 러너의 체형에 가까워질 것이며, 폐활량이 늘어나고, 지구력이 강해져 자연스럽게 당신의 달리기 능력은 향상될 것이다.

우리나라의 달리기, 마라톤 동호인은 약 400만 명에 이르고, 일 년 동안 200여 회의 각종 마라톤 대회와 건강달리기 대회가 개최되고 있다. 2000년대 초반 마라톤 인기가 정점을 찍은 이후 다소 주춤한 상황이지만 많은 사람들이 달리기와 마라톤을 즐기고 있다. 극한의 고통을 이겨야 하는 마라톤이지만 더 이상 특별한 사람들만을 위한 운동은 아니다. 누구나 도전할 수 있고, 성취할 수 있는 운동이다. 나이, 성별, 장애를 넘어 모든 사람들에게 열려 있는 운동이며, 다른 이와 기록을 경쟁하기보다는 다른 사람들과 어울려 서로에게 힘을 불어넣어주며 자신만의 한계에 맞서 싸우는 평등한 경기다. 마라톤을 흔히 자기와의 싸움이라고 하지 않는가.

처음부터 마라톤 풀코스를 도전하는 것은 바람직하지 않다. 그리고 당신은 마라톤 선수가 되려고 하는 것이 아니다. 당신은 이제 막 잠들어 있던 달리기의 본능을 일깨우려고 하는 초보 러너다. 당신은 천천히 시작해야 한다. 당신에게 필요한 것은 많은 훈련을 통해 빠른 속도를 내야 하는 마라톤 풀코스가 아니다. 우선 달리기의 즐거움을 몸으로 직접 느낄 필요가 있다. 그 즐거움을 느끼게 된다면 거리는 조금씩 늘어날 것이고 속도도 빨라질 것이다. 그러면 어느 순간 마라톤 풀코스의 골인 지점이 눈앞에 보일 수 있다. 그러니 처음부터 무리한 목표를 세워 달릴 필요는 없다. 오히려 무리한 목표, 가령 마라톤 풀코스라든지 한 달에 몇 킬로그램 체중감량이라는 목표를 세워 달리다 보면 달리기를 즐기는 것이 아니라 하나의 의무나 강박으로 다가올 수 있다. 그러면 애초의 목표를 포기하게 되고, 달리기가 주는 즐거움마저 느끼지 못할 수 있다.

다른 운동과 마찬가지로 달리기는 건강에 좋다. 그러나 모든 운동이 모든 사람의 몸에 좋은 영향을 미치는 것은 아니다. 자신의 몸에 알맞은 운동과 그 강도가 몸과 마음에 건강을 가져다준다. 건강에 좋다는 말만 믿고 무조건 달려서는 낭패를 볼 수 있다. 당신의 삶을 더욱 즐겁고 행복하게 만들어주는 달리기가 오히려 당신의 건강을 위협하는 요인이 될 수도 있고, 특히 자신의 몸 상태에 맞지 않는 무리한 달리기는 자칫 심각한 결과를 초래할 수도 있다. 물론 서른 즈음인 당신은 체력이나 건강에 자신이 있을 수도 있겠지만 자신이 있는 것과 자신의 몸 상태를 잘 알고 있다는 것은 엄연히 다르다.

항상 자신의 몸에 관심을 가지고 귀를 기울이며 달리기를 시작해야 한다. 처음부터 달리기가 무리라면 걷기부터 시작해도 좋다. 지나친 자신감이나 방심은 달리기에 장애가 될 수 있다. 그렇다고 잠재적인 능력이나 가능성을 과소평가할 필요는 없다. 당신은 다른 사람과 마찬가지로 연습을 통하여 거리를 늘려나갈 수 있고, 마라톤을 완주할 수도 있다. 시간을 두고 천천히 거리를 늘려나가는 신중함이 필요할 뿐이다. 당신은 이제 철부지 십대도 혈기 넘치는 이십대도 아니다. 적어도 자신의 몸은 스스로 책임져야 하는 삼십대임을 잊지 말아야 한다. 처음부터 자신의 한계를 넘겠다는 생각으로 전력을 다해 달리기를 시작하면 얼마 가지 않아 달리기를 포기하게 된다. 스스로 재미를 느끼지 못한다면 누구도 고독하고 고통스런 달리기를 오래하지 못할 게 분명하다. 즐겁게 달릴 수 있는 자신의 쾌적한 페이스를 찾아 여유를 가지고 천천히 주행거리를 늘려나가야 한다.

건강하고 안전한 달리기를 위한 바람직한 지침법

1. 평소에 자신의 심장병(동맥경화, 급성심장사)에 대한 위험인자를 파악하고 조절한다(혈압, 체중, 혈당, 혈중콜레스테롤 농도, 흡연, 평소 운동량, 식이습관).

2. 심장병과 관련된 병력이나 가족력이 있거나 위험인자가 있으면, 운동 전에 사전 검사를 통해서 적절한 운동 처방을 받고 이를 근거로(필요하면 전문 재활프로그램에 의해서) 계획을 세워서 점진적으로 운동을 시작한다.

3. 병력이나 위험인자가 없더라도 급성심장사나 심근경색이 발생할 수 있다. 이러한 위험성은 운동 중에 일시적으로 증가한다는 사실을 인지한다. 운동에 의한 심장병의 위험성을 감소시키는 것이 규칙적인 운동을 통해서 가능하다는 사실에 근거하여 평소에 충분한 훈련과 대비를 한다.

4. 운동의 효과는 일시적인 훈련량이나 기록에 의해서가 아니라 점진적이고 지속적인 운동의 생활화에 의해서 얻어지며, 운동의 효과는 운동을 지속적으로 하는 동안에만 유지된다는 사실을 명심한다.

5. 건강한 삶을 목적으로 하는 운동으로 인하여 오히려 부상이나 불행한 사고를 당할 수 있다는 사실을 인정한다. 경미한 이상 증상이 발생하더라도 이를 무시하지 말고 즉시 운동을 중지하고 필요한 조치와 도움을 요청한다.

― 클레어 코왈칙, 『여자의 달리기』 중에서

달리기를 위한
시간과 공간 찾기

무엇을 실행하기 위해서는 시간과 공간이 필요하다. 노력을 한다는 것은 시간과 공간을 찾는 일에서 비롯된다. 당신은 인간관계로, 일로, 연애로 항상 바쁘다. 하지만 다른 모든 운동과 마찬가지로 달리기 위해서는 바쁜 와중에 시간을 만들고 장소를 찾아야 한다. 하지만 달리기는 다른 운동과 달리 시간과 장소에 크게 구애받지 않는다. 특별한 장비나 시설이 필요한 것도 아니다. 마음이 내키면 언제든, 어디든 달릴 수 있다.

당신의 라이프 스타일에 따라 달리기에 적합한 시간은 얼마든지 달라질 수 있다. 아침에 시간을 내기 편하다면 아침에 달리면 되고, 저녁에 시간이 난다면 저녁에 달리면 된다. 시간대에 얽매일 필요가 없다. 또한 일주일 내내 달릴 필요도 없다. 휴식 없이 매일 달리는 것은 부상을 가져올 수 있다. 일주일에 이틀, 사흘로 시작해도 충분하다. 당신은 이제 막 달리기에 입문했다. 여유를 가지고 조금씩 천천히 달리면 된다. 달리기를 위한 시간을 별도로 만들 수 없다면 일상생활을 달리기로 실행해보는 것도 좋은 방법이다. 달려서 출퇴근을 하거나, 장보기, 은행가기, 심부름하기 등 일상 속의 자잘한 일들을 달리기로 할 수도 있다.

 무엇보다 먼저 당신이 잊고 있던 달리기의 감각을 찾을 필요가 있다. 당신이 특별한 질병을 앓거나 건강에 큰 이상이 없는 서른 즈음이라면 천천히 달리는 것은 크게 어렵지 않을 것이다. 물론 사람에 따라 천천히 달리는 것조차 신체적으로 큰 부담이 될 수도 있다. 그럴 때는 걷기와 달리기를 병행하면 된다.

 달릴 시간을 확보했다면 달릴 공간을 찾아야 한다. 생활 활동 범위에서 가깝고 손쉽게 접근할 수 있는 장소가 바람직하다. 경치가 좋은 쾌적한 환경은 분명 달리기의 매력을 배가시킨다. 숲속이나 전망이 좋은 공원 같은 곳에서의 달리기는 기분이 좋아질 뿐만 아니라 달리기의 능력을 끌어올린다. 생활 속에서 달리기의 이상적인 장소를 찾는다는 건 생각하기에 따라 어려울 수도, 쉬울 수도 있다. 동네 초등학교 운동장이나 주변의 가까운 공원, 놀이터도 좋은 달리기 장소가 될 수 있다. 눈을 돌려 주위를 둘러본다면 의외로 쉽게 집이나 회사 근처에서 좋은 달리기 코스를 발견할 수도 있다. 건강에 대한 사회적 인식이 보편화되면서 걷기 · 조깅 · 자전거타기 등을 위한 사회 인프라들이 좋아져 주변에서 어렵지 않게 달리기 코스를 찾을 수 있다. 딱히 달리기 코스가 아니라 하더라도 길이라면 어디든 달릴 수 있다. 차도나 인도로도 얼마든지 달릴 수가 있는데, 그럴 때는 자동차나 자전거 또는 행인과 부딪칠 수 있으므로 주의해야 한다.

처음 달리기를 시작할 때는 편안하고 익숙한 곳에서 시작하는 것이 좋다. 또한 노면이 고른 곳에서 달려야 부상을 예방할 수 있다. 달리기가 몸에 익숙해지면 새로운 장소를 찾아 달려보며 자신의 취향에 맞는 자기만의 달리기 코스를 개발하는 것도 달리기의 재미를 느끼는 방법이다. 도심이 아닌 숲이나 강변, 산길이나 해안가를 달리며 자연이 주는 풍요로움을 만끽할 수도 있다.

도로 아스팔트가 깔린 도로는 접근이 용이하고 주변에서 쉽게 찾을 수 있으며 노면이 일정해서 달리기에 많은 장점을 가지고 있다. 하지만 달리기의 충격을 줄여주는 흙길과 같은 부드러운 지면보다는 무릎과 발목에 더 부담을 준다.

보도 달릴 수 있는 길 중에서 콘그리드가 가장 딱딱하다. 아스팔트보다 10퍼센트는 더 딱딱하다고 한다. 또한 보도를 달릴 시에는 자주 보도 턱을 오르내려야 하는데 위험할 수 있다. 그리고 인도는 표면이 매끄럽지 않고 튀어나온 곳에 발끝이 걸려 넘어지기 쉽다.

트랙 집 주위 학교를 살펴보면 트랙으로 운동장을 말끔히 정비한

중·고등학교를 어렵지 않게 발견할 수 있다. 트랙에서의 달리기는 얼마나 빠른 속도로 얼마 만큼의 거리를 달릴 수 있는지 정확한 측정이 가능하다. 이와 같은 장점 때문에 스피드 훈련에 적합하다. 똑같은 장소를 맴돌아야 한다는 것이 단조로움과 싫증을 불러올 수도 있다. 우레탄이 깔리지 않은 운동장도 달리기에 좋은 장소다. 다만 바람이 많이 불면 먼지가 많이 날린다는 점이 단점이다.

산길 아름답고 다양한 경치를 감상할 수 있는 산길은 부드러운 지면으로 달리기의 충격을 줄여주지만 나무뿌리나 돌멩이 같은 장애물이 많고 노면이 고르지 않아 위험할 수 있다. 특히 발목이나 무릎이 약한 사람들은 험한 산길은 피하는 게 좋다.

해변 바닷가에 사는 사람에게 해변의 모래사장은 달리기 좋은 코스다. 때에 따라 신발을 벗고 맨발로 모래를 밟으며 달릴 수도 있다. 그러나 푹신한 길이 항상 좋은 것은 아니다. 푹신한 해변은 아킬레스건과 근육에 더 많은 충격을 주어서 부상을 초래할 수 있다.

길 위에서의 수칙

1. 다가오는 차를 볼 수 있도록 차로와 반대 방향으로 달려라. 유일한 예외는 시야가 막힌 굽은 길에 도달했을 때다. 굽은 길 전에 길을 잘 건너고 다시 곧은길이 나오면 차로 좌측으로 돌아가라.

2. 교차로에서는 차를 먼저 보내고 길을 건너라. 좁은 길을 달릴 때 양 방향에서 차가 오면 일단 서서 차들이 지나갈 때까지 기다려라.

3. 방금 주차한 차 옆을 지날 때는 조심해야 한다. 부주의한 운전자나 승객이 당신이 지나가는 것을 모르고 차문을 여는 수가 있다.

4. 운전자가 당신을 보았을 거라고 절대로 짐작하지 마라. 만일 후진하는 차가 있다면 팔을 크게 흔들거나 서서 기다려라.

5. 이른 아침이나 저녁, 어둠 속을 달릴 때는 반사 조끼를 착용하거나 밝은색의 옷을 입는다.

― 클레어 코왈칙, 『여자의 달리기』 중에서

03

발,
러닝화,
그리고 달리기

달리는 데 별다른 장비가 필요 없다고 하지만 꼭 필요한 장비가 있다. 러닝화가 그것이다. 물론 당신 스스로 부상의 위험을 감수하며 맨발로 달리거나 일반 운동화를 신고 달리고자 한다면 얼마든지 그럴 수 있다. 누구도 그것에 대해 뭐라 할 사람은 아무도 없다. 그러나 바람직하지는 않다. 자칫 건강을 해칠 수 있고 심각한 부상을 당할 수도 있다.

달리기에 있어 러닝화는 기본적이면서도 가장 중요한 장비다. 달리는 것이 아주 단순하고 본능적인 행위이지만 이 행위에는 고도의 메커니즘이 숨어 있다. 단적인 예로 다리를 움직여 발이 지면을 차고 앞으로 나아갈 때마다 체중의 세 배 가까운 충격이 무릎에 전해진다. 대부분의 일반인들이 분당 180걸음으로 달리며, 30분을 달릴 경우 5400걸음이 필요하다. 만약 몸무게 70킬로그램의 당신이 30분을 달린다면 걸음마다 210킬로그램의 충격이 5400번 몸에 전달된다는 것이다. 계산해보면 어마어마한 충격이 아닐 수 없다. 그러나 인간은 달리는 동안 받는 충격을 자연스럽게 흡수하고 분산시켜 부상을 당하지 않게 하는 능력을 갖추고 있다.

거기에 더해 자신에게 얼마나 알맞은 러닝화를 선택하느냐에 따라 달리기가 좀더 편안해질 수 있고, 부상 방지에도 큰 도움이 된다. 자신에게 알맞은 러닝화를 선택하기 위해서는 우선 자신의 발 모양과 달리기 스타일을 알아야 한다. 그래야만 자신의 발에 적합한 러닝화를 선택할 수 있다. 각종 스포츠 브랜드 매장에는 다양한 러닝화들이 있다. 직접 신어보고 문의를 통해 자신의 발에 알맞은 러닝화를 구입해야 한다.

발 모양 자신에게 알맞은 러닝화를 구입하기 위해서는 우선 발 모양과 달리기 스타일을 알아야 한다. 발은 모양에 따라 평발(아치가 아주 낮은 발), 아치가 높은 발, 아치가 적당한 발(정상적인 발)로 구분한다. 아치란 발바닥에서 옴폭 파인 홈을 말하는 것으로 옴폭 파인 부분이 거의 없으면 평발, 너무 많이 파여 있으면 아치가 높은 발이라 이른다.

회내pronation란 달릴 때 발이 지면에 닿는 동안 안쪽으로 돌아가는 움직임을 말한다. 이 회내가 발에 전해지는 충격을 골고루 분산시키는 데 도움을 주는데, 너무 안쪽으로 돌아가는 회내를 과회내overpronation라 하고 충분히 돌아가지 않을 때 발이 저회내underpronation된다고 한다.

걸음에 팔자걸음이 있고 안짱다리 걸음(오리걸음)이 있고 정상적이고 모범적인 걸음이라 하는 일자걸음이 있듯, 달리기도 팔자걸음 달리기(과회내), 안짱다리 달리기(저회내), 일자걸음 달리기(정상회내)가 있다고 보면 된다. 즉 회내를 통해 당신의 달리기 스타일을 파악할 수 있다. 달릴 때 과회내인지 저회내인지 정상회내인지는 알맞은 러닝화 선택에 핵심사항이다.

일반적으로 평발은 과회내 경향이 있으며, 아치가 높은 발은 저회내되며, 정상 아치 발은 적당히 회내된다. 너무 안쪽으로 돌아가는 과회내는 근육에 긴장을 유발시켜 부상을 불러올 수 있고, 대개 과회내되는 러너는 무릎에 문제가 있는 경우가 많다. 저회내되는 사람들은 주로 발의 외측을 이용해서 달리는데, 그렇기 때문에 충격의 대부분이 발바닥 전체로 분산되지 못하고 발 외측에 집중된다. 그러다 보니 발 외측 근육과 건에 스트레스를 준다.

<u>러닝화</u>   달리기 신발은 보통 움직임 제어motion-control, 안정stability, 쿠션cushion, 경량훈련용으로 나뉜다. 움직임 제어 신발은 발 움직임을 조절하도록 디자인되어 과회내를 방지한다. 따라서 과회내되는 평발이거나 아치가 낮은 사람들에게 알맞다. 안정화는 정상 아치를 갖고 있으며 회내에 이상이 없는 사람들에게 적합하다. 쿠션화는 충격흡수기능이 좋은 신발로 저회내되거나 아치가 높은 사람들에게 필요하다. 경량훈련화는 말 그대로 가벼운 신발로 스피드 훈련과 경기용으로 만들어졌다. 과회내되는 사람이나 체중이 많이 나가는 사람, 부상의 우려가 있는 사람들은 경량훈련화를 신지 않는 게 좋다.

자신에게 알맞은 신발을 신고 달리면 부상의 위험을 줄일 수 있다. 그러니 자신에게 알맞은 신발을 구입하는 데 인색해지지 마라. 프로 선수를 위한 가볍고 비싼 신발이 당신에게는 해가 될 수 있다. 수시로 신발을 점검하고 주기적으로 신발을 교체하라. 전문가들은 800킬로미터를 달린 후에는 신발을 교체하라고 조언한다. 그래야 최고의 쿠션과 안정감으로 달리기를 할 수 있다.

신발 구입 및 관리 요령

1. 발이 어느 정도 부어 있는 오후에 신발 매장을 방문하라.
2. 달릴 때 신는 양말을 신고 가라.
3. 보정용 특수 깔창을 사용한다면 가지고 가라.
4. 꼭 끼지 않고 넉넉한 신발을 선택하라.
5. 젖은 신발을 드라이어로 말리지 마라.
6. 세탁기로 신발을 빨지 마라.
7. 일상용과 달리기용 신발을 구분하라.

• 신발 끈 묶기

평소처럼 운동화끈을 꿰다가 끝에서 두 번째 구멍에서 멈춘다. 그런 다음 끈을 마지막 구멍으로 가로질러 넣는 대신 바로 위에 있는 같은 쪽 마지막 구멍에 넣는다. 이렇게 하면 작은 고리가 생긴다. 반대쪽도 똑같이 하라. 그 다음 각각의 끈을 반대쪽 끈이 만든 고리 속에 넣는다. 당신의 신은 뒤꿈치는 편안하게 맞으면서 약간 조이는 듯이 묶였을 것이다.

발 모양 테스트 방법

발을 물로 적시고 평평한 마른 땅 위에 발자국을 만든다. 그다음 종이로 바닥을 눌러 발자국을 찍는다. 발 안쪽에 커브가 없고 발바닥 전체가 다 찍혀 나온다면 당신의 발은 평발 또는 아치가 낮은 발이다. 반대로 발뒤꿈치와 앞쪽 사이에 안으로 심하게 휜 커브가 나타난다면 아치가 높은 발이다. 아치를 나타내는 커브가 중간 정도라면 정상이다.

발 모양이 달리기 역학과 회내 정도에 영향을 주는 유일한 요소는 아니다. 정상 발을 가진 사람이 과회내 또는 저회내인 경우도 있을 수 있다. 여기에 당신의 발이 지면에 닿는 상태를 평가하는 방법이 몇 가지 더 있다.

1. 당신의 낡은 신발을 확인하라
발 앞부분과 발가락 쪽 바닥을 살펴보라. 신발의 내측면 또는 엄지발가락 쪽이 닳았다면 당신의 발은 과회내되는 것이다. 신발의 외측, 새끼발가락 쪽이 닳았다면 저회내되는 것이며, 신발 가운데가 닳으면 당신의 발 움직임은 정상이다.

2. 발바닥을 살펴보라
가장 압력을 많이 받는 부위에 굳은살이 박힌다. 그러므로 과회내되는 사람은 엄지발가락 또는 그 주위에 굳은살이 생기고 저회내되는 사람은 발의 외측을 따라 굳은살이 생긴다.

3. 다리를 보라
당신의 무릎이 서로 모이려 하고 발끝이 밖으로 향할수록 회내가 많이 될 것이다. 휘어진 다리와 안으로 향한 발끝은 저회내의 결과이다.

– 클레어 코왈칙, 『여자의 달리기』 중에서

04
달리기용
의류와 용품

달리기용 의류는 통기성이 좋아야 한다. 통기성이 좋아야 땀을 쉽게 증발시킬 수 있다. 그래야 열이 날 때 시원하며 추울 때 축축하지 않고 따뜻하게 유지된다. 달릴 때 시간당 약 0.95리터의 수분을 땀으로 배출한다고 하니 의류에서 통기성이 얼마나 중요한지 알 수 있다. 통기성 섬유들은 땀을 빨아들여 옷 밖으로 빨리 내보내는 역할을 한다. 이러한 섬유재료에는 잘 알고 있듯 쿨맥스coolmax 같은 것들이 있다. 면은 천연섬유로 환경친화적이지만 달리기에는 그다지 적합하지 않다. 여름에는 땀을 빨아들여 축축하게 몸에 들러붙게 하고, 겨울에는 땀이 잘 배출되지 않아 몸을 춥게 만든다.

  달리기 의류에는 셔츠와 반바지 같은 것 외에 모자, 양말, 장갑, 스포츠브라, 비옷 등이 있다. 그 외에 달리기 용품으로 자외선

차단제, 선글라스, 스포츠 시계, 휴대용 물통, 심박계 등이 있다.

<u>모자</u>　달리기용 모자로 챙이 있는 야구모자와 털모자가 필요하다. 챙이 있는 모자는 빗속에서 달릴 때 비가 눈에 들어가지 않게 막아주고, 시야를 확보해준다. 또한 햇살을 가려주는 역할도 한다. 털모자는 겨울철 달리기의 필수품이다. 사람 몸의 열 대부분이 머리를 통해 빠져나가므로 머리를 따뜻하게 하는 게 겨울철 보온의 핵심이라고 할 수 있다.

<u>장갑</u>　장갑을 끼는 것과 끼지 않는 것의 차이는 확연하다. 특히 비가 오거나 바람이 부는 날씨에는 장갑의 필요성을 절감하게 된다.

스포츠브라　여성들에게 스포츠브라는 편안함과 건강을 위한 가장 중요한 의류 중의 하나다. 특히 상하운동을 지속적으로 하는 달리기는 유방을 위아래로 흔들리게 하여 처지게 만드는데, 이를 방지하기 위해서는 스포츠브라를 꼭 착용해야 한다.

자외선 차단제　자외선 차단제는 피부의 조기 노화뿐만 아니라 자외선으로 인한 피부암을 예방할 수 있다. 특히 햇살이 강한 여름철에는 반드시 필요하다. 미용에 신경을 많이 쓰는 여성들은 날씨에 관계없이 자외선 차단제를 바르면 피부 관리에 훨씬 도움이 된다.

선글라스　선글라스는 멋을 위해서도 필요하지만 단순히 멋만을 위해서 필요한 게 아니다. 강한 햇빛과 장시간 자외선에 눈이 노출되었을 때 오는 손상을 선글라스가 막아줄 수 있다. 또한 바람, 먼지, 곤충 등으로부터 눈을 가려주어 한결 쉽게 달릴 수 있다.

스포츠 시계　기록을 재거나 일정 거리를 두고 스피드 훈련을 할 때 필요하다.

휴대용 물통　달리는 동안 수분을 잘 유지하기 위해서는 15분마다 약 227그램의 물이나 음료를 마시라고 전문가들은 말한다. 장거리 연습을 한다거나 산길과 같이 쉽게 수분을 보충할 수 없는 코스를 달리려고 한다면 휴대용 물통을 허리에 차고 달리는 것이 좋다.

심박계 (심장박동측정기)　심장박동수를 측정하는 장비로 선수들의 스피드 훈련과 성과를 미세하게 측정할 수 있을 뿐 아니라 자신이 달리는 속도를 잘 파악하지 못하는 초보 러너들에게도 유용한 장비다. 그러나 가격이나 조작 면에서 단순함이라는 달리기의 미덕에 그다지 어울리지 않는 장비일 수도 있다.

05

초보 러너의
30분 달리기

당신은 달리기로 결심했다. 굳은 결심 끝에 적당한 러닝화 한 켤레도 장만했다. 어디서 달려야 할지 장소파악도 대충 끝났다. 이제 시작이다. 시작에 앞서 처음에 가졌던 목표를 떠올려보자. 다시 말하지만 한 가지 명심해야 할 것은 목표에 너무 집착할 필요가 없다는 점이다. 편안한 마음으로 시작해야 한다. 당신은 100미터 달리기 같은 단거리 경주를 하려고 하는 것이 아니다. 달리기를 통해 얻고자 하는 당신의 어떤 기대 이익은 벼락치기로 하루 이틀 '빡세게' 달려 얻을 수 있는 게 아니다. 가령 다이어트를 위해서는 지속적으로 일정한 거리를 주기적으로 달려야 한다. 즉 어떤 목표든지 달리기가 당신의 생활에 밀착되어 자연스러운 하나의 습관이 되어야 이룰 수 있다.

이렇듯 달리기가 생활의 일부분으로 자리 잡기 위해서는 우선 달리기가 편안해야 하고, 즐거워야 한다. 편안하고 즐겁기 위해서는 우선 시작을 쉽게 해야 한다. 처음부터 과도하게 욕심을 부린다면 제풀에 나가떨어지기 쉽다. 쉬운 것부터 차근차근 단계를 밟아 올라가야 한다. 조금씩 강도를 높이고 거리를 늘려야 한다.

무라카미 하루키는 마라톤이나 장거리 달리기를 경주마가 아닌 사역마로 비유했다. 당신은 날렵하고 미끈한 몸매로 울퉁불퉁한 근육을 뽐내며 결승점을 향해 거친 입김을 뿜어내며 질주하는 경주마의 달리기를 원하는 게 아니다. 원해서도 안 된다. 달리기 선수가 되는 게 목적이 아니다. 당신의 달리기는 짐칸의 짐을 가득 실은 마차를 끄는, 주인의 채찍질에도 아랑곳하지 않고 밭고랑을 가는 그런 사역마의 달리기여야 한다.

여기 육체라는 말 한 필이 있다. 이 말은 훈련이 안 된 고집불통의 말로 주인이 원하는 대로 움직이지 않는다. 당신은 이 말을 일하기에 알맞도록, 그러니까 마차를 끌거나 땅을 가는 데 적합하도록 훈련을 시켜야 한다. 그럴 경우 어떻게 말을 훈련시켜야 당신이 원하는 목적을 달성할 수 있을까. 달리기의 시작도 이와 같다. 당신의 몸은 사역에 익숙하지 않은 말처럼 달리기에 익숙하지도 적합하지도 않다. 말을 길들이듯 조금씩 육체와 정신을 길들여야 한다. 조금씩 고통을 맛보고 당근과 때로는 채찍으로 짐 질 수 있는 고통의 범위를 늘려나갈 때 근육과 근육을 움직이는 정신은 단련이 된다. 처음부터 과부하를 걸면 말은 호시탐탐 울타리를 넘어 도망칠 궁리를 할 것이다. 즐겁게 견딜 수 있는 만큼씩 훈련량을 늘리다 보면 어느 순간 말은 훌륭한 사역마가 되어 당신이 원하는 일을 훌륭하게 수행할 것이다.

자, 시험 삼아 고통의 한계치를 느낄 때까지 달려보자. 딱히 심장계통에 이상이 없는 경우라면 달리기 자체를 두려워할 필요는 없다. 우선 시계를 차고 편안한 속도로 달리며 어느 정도의 시간까지 달릴 수 있는지 파악해보는 것이다. 편안한 속도라고 하지만 처음 아니 오래간만에 시작한 달리기는 그마저도 벅찰지 모른다. 담배를 피우는 사람이라면 아마도 목에서 가래가 부글부글 끓을 것이고, 가슴은 돌덩이 삼킨 것처럼 먹먹하고 답답할 것이다. 계속해서 달리는 것이 무리가 된다면 걷기와 달리기를 병행해보는 것도 좋은 방법이다. 운동장 두 바퀴는 달리고 한 바퀴는 걷고 이렇게 걷기와 달리기를 병행하면서 조금씩 달리는 시간을 늘려나가면 된다.

잘 달리기 위해서는 휴식을 주기적으로 취해야 한다. 달리기를 시작한 초기에는 휴식을 인정하기 쉽지 않다. 적절한 휴식도 훈련의 하나라는 생각을 하지 못한다. 조금 더 빨리 달리기를 통해 자신의 목적에 다가가고 싶다는 욕심에 하루도 쉬지 않고 달리기를 할 수도 있다. 하지만 이는 오히려 역효과를 불러온다. 적절한 휴식이 달리기의 지속적인 재미를 가져다준다. 달리기의 재미를 배가시키는 또 다른 방법은 자전거타기, 수영, 근력운동같이 다른 운동과 병행하는 것이다.

시작은 편안해야 한다. 달리는 거리보다는 달리는 시간에 초점을 맞추는 게 좋다. 달리기의 편안한 속도는 개인의 신체조건과 능력마다 다르기 때문에 어느 정도가 적당하다고 말할 수 없다. 한

가지 분명한 것은 그렇게 편안한 속도를 의식하며 달리다 보면 자신만의 페이스를 찾게 된다는 것이다. 그렇게 30분 이상 지속적으로 편안하게 달리면서, 달리기가 주는 상쾌함과 즐거움을 맛보게 된다면 당신은 달리기에 입문, 러너의 길에 들어섰다고 할 수 있다. 그러면 다음 훈련 프로그램을 참조해 30분 달리기에 도전해보자.

30분 달리기 훈련 프로그램

45분을 할당하여 5분씩 나누어 훈련을 시작하라. 또 4분 걷기와 1분 달리기로 출발하라. 45분 훈련을 9분절로 나누어 이런 형태로 반복하라. 당신의 체력과 발전 속도에 따라서 1분 달리기 시간을 늘리고 그만큼 걷기 시간을 줄여라. 걷기 : 달리기 시간의 비율은 다음과 같이 된다. 4 : 1, 3 : 2, 2 : 3, 1 : 4. 마지막 비율에서 당신은 36분을 달리고 있는 것이다.

처음 2~3주 동안은 일주일에 2회 훈련으로 출발하라. 처음에는 한 주의 다른 2일은 대체훈련을 해도 좋다. 만일 모든 것이 잘되고 있는 것 같으면 제3의 걷기, 달리기 훈련을 추가하라. 짧고 쉬운 훈련으로 시작하여 달리기 시간을 늘려 나가는 것이다.

일주일에 3회의 걷기, 달리기 훈련을 1~2개월 동안 계속하라. 진행되는 데 필요한 시간을 가져라.

쉬운 달리기 10주 프로그램
(R 달리기, W 걷기)

주	일	월	화	수	목	금	토
1	R 2분 W 4분 4회	휴식일	R 2분 W 4분 4회	휴식일	R 2분 W 4분 4회	R 2분 W 4분 4회	휴식일
2	R 3분 W 3분 4회	휴식일	R 3분 W 3분 4회	휴식일	R 3분 W 3분 4회	R 3분 W 3분 4회	휴식일
3	R 5분 W 2분30초 3회	휴식일	R 5분 W 2분30초 3회	휴식일	R 5분 W 2분30초 3회	R 5분 W 2분30초 3회	휴식일
4	R 7분 W 3분 2회	휴식일	R 7분 W 3분 2회	휴식일	R 7분 W 3분 2회	R 7분 W 3분 2회	휴식일
5	R 8분 W 2분 2회	휴식일	R 8분 W 2분 2회	휴식일	R 8분 W 2분 2회	R 8분 W 2분 2회	휴식일
6	R 9분 W 2분 1회 R 8분 2회	휴식일	R 9분 W 2분 1회 R 8분 2회	휴식일	R 9분 W 2분 1회 R 8분 2회	R 9분 W 2분 1회 R 8분 2회	휴식일
7	R 9분 W 1분 2회	휴식일	R 9분 W 1분 2회	휴식일	R 9분 W 1분 2회	R 9분 W 1분 2회	휴식일
8	R 13분 W 2분 반복	휴식일	R 13분 W 2분 반복	휴식일	R 13분 W 2분 반복	R 13분 W 2분 반복	휴식일
9	R 14분 W 1분 반복	휴식일	R 14분 W 1분 반복	휴식일	R 14분 W 1분 반복	R 14분 W 1분 반복	휴식일
10	R 30분	휴식일	R 30분	휴식일	R 30분	R 30분	휴식일

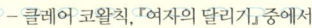

― 클레어 코왈칙, 『여자의 달리기』 중에서

06
걷기와 달리기의
올바른 자세

모든 일에는 기본과 기초가 있다. 너무도 기본적이고 기초적이어서 때론 그 중요성을 쉽게 간과하기도 하지만 기본과 기초를 무시하거나 얕보면서 잘되는 일은 어디에도 없다. 그런 일이 있다면 그것은 '날림'이요 '짝퉁'이다. 기본과 기초의 중요성은 그것이 모든 일의 근본 바탕이 되고 모든 응용의 토대가 되기 때문이다. 첨단과학기술 시대에도 기초과학을 중시하는 이유가 여기에 있다.

운동에 있어서도 기본과 기초가 매우 중요하다. 몸을 도구로 사용하는 운동의 경우 기본과 기초는 몸의 자세로 나타난다. 그래서 모든 스포츠에서는 자세의 중요성을 강조한다. 올바른 자세를 갖추지 않고서 좋은 성취를 내는 운동선수는 없다. 운동에서 자세는 곧 능력이다. 그래서 끊임없이 잘못된 자세를 교정하려고 노력하고, 자신의 몸에 맞는 올바른 자세를 찾으려고 애를 쓴다. 그것이 바로 실력으로 직결되어 승리와 성취의 결과를 만들기 때문이다. 한마디로 '폼생폼사'다. 이는 프로 운동선수에게만 해당하는 이야기가 아니다. 물론 여기서 말하는 '폼'은 장식이나 겉치레와는 다른 속성의 것이다. 그것은 지엽적인 게 아니라 본질과 핵심에 가까운 무엇이다. 그런 자세에는 하드웨어적 고민과 형이상학적인 사고가 담겨 있다. 그래서 사람들은 자세만 척 봐도 그 사람이 초보인지 고수인지를 알 수 있다. 물론 이상적 자세는 고정되어 있지 않다. 사람들마다 신체 특성과 구조가 다르기 때문에 올바른 자세란 사람마다 다르다. 가장 좋은 자세는 자신에게 편안한 자세라고 할 수도 있다. 그러면 걷기와 달리기의 기본적인 자세에 대하여 알아보자.

다음 사항을 지나치게 의식할 필요는 없다. 기본을 지키는 가운데 천천히 오랫동안 자세를 의식하며 달리다 보면 자세가 갖추어지게 된다.

올바른 걷기 자세

- 시선은 15미터 앞에 둔다.
- 걷는 도중 호흡은 코로 들이쉬고 입으로 내쉬도록 한다.
- 어깨에 힘을 뺀다.
- 팔꿈치는 'L'자, 또는 'V'자 모양으로 약간 구부린 상태로 자연스럽게 흔든다.
- 허리와 어깨를 반듯하게 편다.
- 주먹은 가볍게 쥐고 가슴 중심선을 중심으로 조금씩 교차되는 정도로 움직인다.
- 무릎은 완전히 펴라. 앞으로 나간 발이 착지할 때 발뒤꿈치부터 닿아야 한다.
- 다리는 양 무릎이 스칠 정도로 거의 '1'자에 가깝게 이동시킨다.
- 두 발이 11자 모양이 되게 하라.
- 신장에서 1미터를 뺀 길이가 자신에게 알맞은 보폭이다.
  보폭 : 키 − 1미터

올바른 달리기 자세

- 턱을 당길 것.
- 어깨가 앞뒤로 돌지 않을 것.
- 상반신의 긴장을 풀 것.
- 팔을 높이 올리지 않을 것.
- 허리가 뒤로 젖혀지지 않을 것.
  * 몸 전체의 상하 움직임이 적을 것.
  * 신체가 좌우로 흔들리지 않을 것.
- 착지한 다리의 무릎이 너무 구부러지지 않을 것.
- 발목을 비틀지 말고 체중을 발꿈치에서부터 엄지발가락으로 옮겨갈 것.

07
워밍업warming up과 쿨링다운cooling down 그리고 스트레칭stretching

전희(前戲)와 후희(後戲)가 잘 이루어져야 한다. 달리기에도 전희와 후희가 있다. 섹스와 같이 타자와의 직접적인 터치로 이루어지는 성적(性的) 행위는 아니지만 달리기도 세상과 만나는 러너의 육체적, 정신적 교감이 이루어지는 행위다. 그 교감은 러너의 내부와 외부에서 일어난다. 우선 러너가 달리기를 시작할 때 그는 몸에 일어나는 변화들을 민감하게 지각하게 된다. 천천히 몸이 달아오르고 숨이 가빠진다. 처음에는 삐걱거리며 어색하게 움직이던 관절, 특히 무릎과 발목이 조금씩 부드러워지고 점차 호흡이 안정되어가는 것을 느낀다.

러너는 자신의 몸에 집중하면서 세상의 한 단면 속으로 달려나간다. 그러면 평면적이던 세상이 깊이가 있는 공간으로 바뀐다. 그렇게 공간을 가로지르며 러너는 그 공간의 주인공이 된다. 그럴 때 세상은 단순히 멀리서 바라보는 풍경으로 존재하는 것이 아니라, 러너의 몸과 마음에 미세한 영향을 미치는 살아 있는 자극으로 다가온다. 허공 속에서 부드러운 궤적을 그리며 떨어진 낙엽을 밟는 순간, 뺨을 스치는 차가운 공기 속으로 훅-훅- 뿌연 입김을 내뿜으면 차가운 공기가 폐부 깊숙이 들어와 다시 세상 밖으로 나가는 것을 느낄 때, 아스팔트 바닥에 고인 웅덩이에 비친 하늘과 구름을 뛰어넘을 때, 하늘에서 떨어진 한 방울의 비가 콧등을 때릴 때 러너는 달리기를 통해 세상과 육체적, 정신적으로 교감을 한다.

물론 세상과의 교감은 러너만의 특권은 아니다. 다른 운동과 행동으로도 그 특성에 어울리는 교감을 얻을 수 있다. 이러한 교감은 살아 있는 모든 생명의 당연한 권리이자 누려 마땅한 의무다. 그러나 어떤 목적을 위한 수단으로서의 행위가 아닌 그 자체로 목적인 달리기는 순정하고 본능적이며 원초적인 행위로 교감을 증폭시킨다. 그것은 어쩌면 육체의 단순한 움직임에 몰입할 수 있기에 가능한 것인지도 모른다.

워밍업은 러너의 육체적, 정신적 교감을 더욱 원활하게 이루기 위한 준비작업이며, 쿨링다운은 교감의 과정을 정리하는 마무리 작업이다. 즉 몸풀기와 정리운동이다. 몸풀기는 훈련이나 대회에서 본격적으로 달리기 전에 가볍게 달리는 것을 말하는데, 이를 통해 근육을 풀어주고 심장박동을 활성화시켜 높은 강도의 자극에 몸이 잘 대처할 수 있도록 하는 것이다. 이러한 준비운동은 달리기 능력을 향상시키는 것은 물론 부상 예방에 효과가 있다. 정리운동은 훈련이나 대회에서 본격적인 달리기를 마친 이후에 가볍게 달리며 심장박동과 대사가 천천히 안정 상태가 되도록 만드는 것이다.

스트레칭은 몸의 근육을 이완시켜 몸을 유연하게 만드는 것이다. 스트레칭의 효과에 대해 의문을 갖는 이들도 있으나 일반적으로 몸을 유연하게 하면 부상을 예방하므로 운동 전·후에 스트레칭이나 가벼운 조깅으로 몸풀기를 하는 게 좋다. 몸풀기 차원의 스트레칭은 약간 달려 몸에 땀이 난 후 하는 게 좋다. 갑작스럽게 근육을 긴장시키면 오히려 부상을 입을 수도 있다. 가볍게 달린 후에는 대사가 활발해지고 근육의 긴장이 풀어져 있어 스트레칭 하기에 좋다.

마라톤 같은 장거리 달리기를 했을 때에는 반드시 조깅과 스트레칭으로 몸을 풀어주는 게 좋다. 그러면 몸의 유연성을 유지하면서 몸을 빠르게 회복시킬 수 있다. 격렬한 운동 후에 바로 신체의 움직임을 멈춰버리면 몸에 발생한 피로물질이 잘 제거되지 않는다.

본격적인 달리기를 시작하기에 앞서 가벼운 달리기와 스트레칭으로 미리 몸을 점검해보는 것이 좋다. 몸의 상태를 확인할 수 있을 뿐 아니라 일정한 자극을 주어서 앞으로의 자극에 대비할 수 있게 한다. 또한 스트레칭은 몸의 부상을 예방하고, 부상 부위를 호전시키는 역할도 한다.

달리기를 위한 기본 스트레칭

달리기를 연습하다 보면 다리와 허벅지와 허리의 뒷부분으로 이어진 근육들이 너무 많이 발달하게 된다. 이렇게 되면 이 근육들은 단단하게 뭉친다. 한편 그 근육들과는 반대로 작용하는 다리와 허리의 앞쪽 근육들과 복부는 상대적으로 약해진다. 스트레칭은 이런 힘과 유연성의 불균형을 바로잡는 데 꼭 필요하다.

1. 벽 밀기

이 운동은 먼저 장딴지를 이완시키기 위한 것으로 벽에 손을 대고 앞뒤로 몸을 움직이는 동작이다. 먼저 발바닥을 바닥에 붙이고 벽에서 90센티미터 정도 떨어진다. 발바닥을 바닥에 붙인 채, 무릎은 굽히지 말고 장딴지가 당길 때까지 벽 쪽으로 민다. 약 10초 정도 그 자세를 유지한다. 그다음에 다시 돌아온다. 이 동작을 되풀이한다.

2. 무릎관절 풀어주기

이것은 무릎 뒤쪽 근육을 위한 스트레칭이다. 처음에는 낮은 의자에서 시작해 조금 높은 의자로 연습하다가 괜찮아지면 탁자로 연습할 수 있다. 먼저 무릎을 굽히지 말고 한쪽 다리를 의자나 탁자 위에 올려놓는다.

몸을 지탱하는 다리 역시 무릎을 곧게 편다. 그다음에 머리를 무릎에 붙이는 기분으로 근육이 당겨질 때까지 상체를 수그린다. 약 10초 동안 자세를 유지하다 다시 몸을 편다. 이 동작을 되풀이한다.

3. 몸 접기

이 동작은 무릎 뒤쪽 근육과 허리 근육을 이완시키기 위한 것이다. 먼저 바닥에 눕는다. 곧게 뻗은 두 다리를 들어 발끝이 머리 위쪽 바닥에 닿게 몸을 접는다. 약 10초 동안 자세를 유지한다. 이 동작을 되풀이한다.

4. 넓적다리 강화시키기
탁자 위에 걸터앉아 두 발을 아래로 내려뜨린 다음 굽힌 무릎을 일직선이 되게 쭉 펴서 다리 근육을 강화시킨다. 마찬가지로 5~6초 정도 자세를 유지한 다음 다리를 내린다. 1분 동안 계속한다.

5. 무릎 굽히고 윗몸일으키기
무릎을 굽힌 채 바닥에 눕되, 두 발이 엉덩이에 가닿는 듯한 느낌이어야 한다. 그 상태에서 몸을 일으켰다가 다시 눕는다. 더 이상 할 수 없겠다는 느낌이 들 때까지, 또는 적어도 20번 이상 윗몸일으키기를 계속한다.

08

달리기와
웨이트트레이닝

웨이트트레이닝은 달리기 능력을 향상시킬 수 있는 좋은 수단이다. 달리기는 주로 하체를 사용하기 때문에 팔과 어깨와 같은 상체는 달리기의 효과를 그다지 보지 못한다. 따라서 몸 전체의 균형과 운동 효과를 위해서도 웨이트트레이닝을 병행하는 것이 좋다.

상체 근육의 단련은 달리는 동안의 자세를 좋게 유지할 수 있어 호흡을 원활하게 한다. 뿐만 아니라 근력운동으로 근육을 강화하면 기초대사율이 증가하고 운동시 좀더 많은 칼로리를 소모하여 효과적인 다이어트를 할 수 있다. 특히 과체중인 사람들의 지방을 줄이고 근육량을 증가시켜 신체 구성비를 개선시킨다. 개선된 신체 구성비는 건강에 더 이로울 뿐 아니라 달리기에도 더 좋은 효과를 나타낸다.

나이를 먹어감에 따라 자연히 근육량이 줄어들고 뼈도 소실되는데 지속적인 근력운동으로 이를 예방하고 노년까지 젊었을 때의 체력을 유지할 수 있다고 전문가들은 말한다. 또한 웨이트트레이닝으로 다듬어진 근육질의 몸은 더 좋은 신체 이미지를 가져다주어 몸에 대한 자신감을 가질 수 있게 만든다.

날씨가 몹시 덥거나 추워서 밖에 나갈 엄두가 나지 않을 때 혹은 비나 눈으로 야외에서 달리기가 꺼려질 때 실내에서 손쉽게 할 수 있는 웨이트트레이닝은 달리기의 좋은 대체운동이다. 또한 근력운동은 신체의 약한 부분을 집중적으로 강화시킬 수 있는 좋은 수단이다. 가령 무릎이 안 좋거나 약한 이들은 웨이트트레이닝으로 무릎 주위의 근육을 강화시켜 부상을 예방하고 부상에서 빨리 벗어나는 효과를 얻을 수 있다.

웨이트트레이닝의 효과 및 장점

- 달리기의 능력을 향상시킨다.
- 신체를 균형 있게 발달시켜 몸 전체의 운동 능력을 증진시킨다.
- 근육과 뼈를 강화시켜 체력을 강화시키고 골다공증을 예방한다.
- 근육량을 증가시키고 발달시켜 신체 구성비를 개선시킨다.
- 늘어난 근육량은 신진대사를 촉진시켜 효과적인 다이어트에 도움이 된다.
- 날렵하게 다듬어진 몸매로 긍정적인 신체 이미지를 만든다.
- 젊음을 유지하게 한다.
- 실내에서 손쉽게 할 수 있는 대체운동이다.
- 달리기로 인한 부상 예방과 회복에 도움이 된다.

손쉽게 할 수 있는 웨이트트레이닝 몇 가지

아령이나 기타 기구를 이용하든 안 하든 전문가에게 정확한 기구 사용법과 절차를 익혀 올바른 동작을 유지하며 천천히 부드럽게 해야 한다. 그래야 최고의 운동 효과를 얻을 수 있고 부상도 예방할 수 있다.

1. 덤벨 프레스 삼각근, 상완삼두근

1) 다리를 어깨너비로 벌리고 선다.
2) 아령을 양손에 들고 손바닥이 앞으로 향하게 하여 어깨높이에 둔다.
3) 천천히 아령을 머리 위로 들어올린다.
4) 아령을 천천히 내려 처음 자세에서 반복한다.

2. 아령 옆으로 들어올리기 광배근

1) 양손에 아령을 들고 다리를 어깨너비로 벌리고 선다.
2) 양팔을 90도로 굽힌 뒤 옆구리에 가져간다.
3) 굽힌 양팔을 90도로 유지하며 옆구리에서 어깨높이까지 들어올린다.
4) 아령을 천천히 내려 처음 자세에서 반복한다.

3. 어깨 돌리기 승모근

1) 다리를 어깨너비로 벌리고 선다.
2) 양팔에 아령을 들고 서서 어깨를 앞, 위, 뒤, 아래 순서로 원을 그리며 돌린다.

4. 윗몸일으키기 복직근 윗부분

5. 거꾸로 윗몸일으키기 복직근 아랫부분

1) 바닥에 등을 대고 눕는다. 다리를 오므려 굽히고 양팔은 자연스럽게 뻗어 손바닥을 바닥으로 향하게 한다.
2) 허벅지가 바닥과 수직이 되도록 다리를 들어올린다.
3) 무릎이 가슴에 닿을 정도로 다리를 천천히 위쪽으로 들어올린다. 골반이 바닥에서 떨어져야 한다.
4) 천천히 준비자세로 되돌아와 반복한다.

6. 누워서 상체 비틀기 복외사근, 복내사근

1) 등을 바닥에 대고 양팔을 쭉 펴고 눕는다. 이때 손바닥은 아래를 향하게 한다.
2) 다리를 붙인 채 엉덩이와 90도가 되도록 들어올린다.
3) 상체를 움직이지 않은 채 붙인 다리만을 한쪽 옆으로 바닥에 닿을 때까지 내린 다음 다시 천천히 들어올린다.
4) 방향을 바꾸어 다리를 반대쪽으로 내렸다 올린다.

다양한 달리기
훈련방법

달리기를 하다 보면 더 오래 더 멀리 더 빨리 달리고 싶어지기 마련이다. 대회 참가를 통해 얻게 되는 만족과 성취를 느낄수록 이러한 욕구는 강해진다. 그래서 조금 더 멀리, 조금 더 빨리 달릴 수 있게 되기를 원한다. 이것은 러너에게 참을 수 없는 유혹이자 매력으로 다가와 새로운 목표가 된다.

물론 달리기 시작한 지 얼마 되지 않아 이런 유혹에 빠져 자신의 신체 능력 이상의 무리한 운동을 하게 된다면 부상을 당하기 쉽다. 부상 없이 자신의 목적을 이루기 위해서는 시간을 두고 훈련을 통해 천천히 능력을 키워가야 한다.

어떠한 훈련이든지 그것이 훈련이 되기 위해서는 조금 더 센 자극이 필요하다. 그리고 그로 인해 근육이 쑤시거나 저리는 증상은 피할 수 없다. 이런 자극과 통증을 통해 조금씩 달리기 능력이 향상된다. 통증을 이기고 원하는 훈련의 성과를 보기 위해서는 고강도의 훈련과 저강도의 훈련 그리고 휴식을 병행해야 한다.

30분 이상 지속적으로 달릴 수 있다면 이제는 조금씩 거리와 시간을 늘려나갈 필요가 있다. 주기적으로 달리면서 거리를 늘려나가는 것만으로도 속도는 자연히 빨라진다. 조급할 필요 없다. 당신의 몸이 달리기의 맛을 보았다면 당신이 달리기를 원하지 않을지라도 몸이 달리기를 갈구하게 될 테니까.

장거리 달리기 훈련(LSD, Long Slow Distance)　마라톤처럼 장거리 달리기에 필요한 것은 지구력이다. 지구력은 오랜 시간 달릴 수 있는 능력이다. 이 능력을 기르기 위한 가장 좋은 방법은 장거리를 달리는 것이다. 앞에서와 같이 매주 달리는 거리를 늘려서 지구력을 향상시킬 수도 있지만 더 효과적인 방법은 장거리 달리기 훈련을 지속적으로 하는 것이다. 특히 마라톤을 완주하고자 하는 경우 장거리 달리기 훈련은 필수라고 할 수 있다.

장거리 달리기 훈련은 몸에 부담을 많이 주는 훈련이다. 따라서 장거리 훈련은 매주 1회로 제한하는 등 여유로운 훈련주기를 가져야 하고, 훈련 후에는 넉넉한 휴식(1~3일)을 취하면서 가벼운 조깅이나 대체운동을 하는 게 좋다. 이 훈련은 장거리를 오랜 시간 달려야 하므로 대화가 가능한 편안한 속도와 호흡으로 해야 한다.

파틀렉(Fartlek)　스피드 훈련의 한 가지인 파틀렉은 속도놀이를 뜻하는 스웨덴어로 속도를 가지고 놀면서 달린다는 것을 의미한다. 누구나 경험이 있을 법한 '나 잡아봐라' 정도의 놀이를 훈련화시킨 것으로 볼 수 있다. 달리기로 어느 정도 몸을 푼 후 임의로 어떤 지점, 멀리 보이는 가로등이나 다리 혹은 도로가 바뀌는 지점 등을 설정해놓고 속도를 높였다 다시 원래의 속도로 돌아오는 것이다.

한 가지 속도로 달리는 지루함을 없애준다는 장점과 더불어 스피드 훈련을 하고자 하는 이들에게는 비교적 손쉬운 훈련방법이 된다. 함께 달리는 친구와 번갈아 속도를 높였다 늦추었다 할 수도 있어 말 그대로 속도를 가지고 노는 것이라 할 수 있다. 한 가지 주의할 점은 속도를 높인다 하더라도 전력질주가 아닌 다시 평상의 속도로 돌아올 수 있는 속도 만큼만 높여야 한다는 것이다. 어디까지나 즐거운 놀이가 될 수 있는 속도로.

페이스 연습   페이스 연습은 일정한 거리를 빠른 속도로 달린 다음 회복 달리기를 반복적으로 하는 것을 말한다. 가령 400미터를 6회 실시한다고 하면 400미터를 빠른 속도로 달린 다음 200미터를 서서히 달리는 것을 1회로 쳐서 5회 더 반복하는 것이다. 주의할 점은 빠른 속도로 달릴 때 일정한 속도를 유지해야 한다. 그렇지 못하다면 속도가 점점 느려진다는 것을 뜻한다. 다른 스피드 훈련과 마찬가지로 어느 정도 몸을 푼 이후에 훈련을 실시해야 하며 훈련 후에는 가벼운 달리기로 마무리 훈련을 해야 한다. 페이스 연습과 같이 정확한 거리와 속도를 측정하며 스피드 훈련을 하기 위해서는 트랙과 같은 곳이 적당하다.

이와 비슷하면서 조금씩 실행의 양상이 다른 스피드 훈련에는 빠른 인터벌 훈련, 템포런, 픽업 등과 같은 것이 있다. 스피드 훈련은 달리기가 익숙하지 않은 이들에게는 적당하지 않은 훈련이다. 또한 스피드를 급격히 높일 시 근육에 무리가 갈 수 있으므로 자신의 몸에 맞는 속도에 유의해야 한다.

언덕 훈련 언덕 달리기는 하체에 힘과 체력 그리고 속도를 높이는 훈련일 뿐만 아니라 언덕에서 겪는 고통에 대한 적응력과 정신력을 길러주는 훈련방법이다. 참가하고자 하는 대회 코스에 언덕이 있다면 언덕 훈련이 많은 도움을 준다.
언덕 달리기가 처음이거나 익숙하지 않은 이들은 비교적 경사가 낮은 곳에서 연습을 하는 게 좋다. 또한 긴 언덕일수록 다리에 지속적인 저항을 주어 훈련효과를 배가시킨다. 언덕을 달릴 때는 상체가 앞으로 쏠리게 되는데 그럴수록 가슴을 똑바로 펴야 원활한 호흡이 가능해져서 속도를 유지할 수 있게 된다.

내리막 달리기 언덕 훈련과 마찬가지로 내리막 달리기도 좋은 훈련방법이지만 내리막 달리기는 다리에 무리가 많이 가는 훈련으로 부상이 있는 사람이나 초보자에게는 적당하지 않다. 내리막을 빨리 달린다는 생각보다 편하게 달린다는 생각으로 조금씩 속도를 높여주고, 어떤 보폭과 속도가 자신에게 적당하며 효율적인지를 판단해야 한다.

거리를 늘리는 방법

이것은 일주일에 19.2킬로미터를 달리는 주자가 32킬로미터까지 늘리기 원할 때를 위한 계획이다. 기본 원리는 다음과 같다. 한 번에 10~15퍼센트 이상은 늘리지 말 것, 거리를 늘리기 전에 다음 단계에 적응하기 위한 기간을 2~3주 가질 것, 그 주의 계획을 시행한 뒤 피로감을 느낀다면 1~2주 전의 계획으로 되돌아간 다음 다시 시작하도록 한다.

단위 : km

주	일	월	화	수	목	금	토	합계
1	4.8	4.8	0	4.8	0	4.8	0	19.2
2	6.4	4.8	0	6.4	0	4.8	0	22.4
3	4.8~6.4	4.8	0	4.8~6.4	0	4.8	0	19.2~22.4
4	6.4	4.8	0	6.4	0~3.2	4.8	0	22.4~25.6
5	6.4	4.8	0	6.4	0~3.2	4.8	0	22.4~25.6
6	6.4	4.8	0	6.4	0~3.2	4.8	0	22.4~25.6
7	6.4~9.6	4.8	0	6.4	3.2	4.8	0	25.6~28.8
8	6.4~9.6	4.8	0	6.4	3.2	4.8	0	25.6~28.8
9	6.4~9.6	4.8	0	6.4	3.2	4.8	0	25.6~28.8
10	9.6	4.8	0	6.4	3.2~4.8	4.8	0	28.8~32

※주의 : 이것은 예에 불과하다. 당신은 자신에게 맞는 거리를 선택할 수 있다. 긴 거리를 달린 다음 날에는 쉬거나 아니면 짧은 거리를 달려야 한다는 것만 기억하라.

- 클레어 코왈칙, 『여자의 달리기』 중에서

달리기 훈련의 15가지 법칙

1. 1년 내내 자주 훈련하라.
2. 서서히 시작하고 부드럽게 훈련하라.
3. 먼저 거리 훈련을 하고 나중에 속도 훈련을 하라.
4. 매일의 훈련 계획을 못박아두지 말라.
5. 힘든 훈련과 쉬운 훈련을 번갈아 하라.
6. 처음에는 최소의 훈련에서 가능한 많이 성취하려고 하라.
7. 16킬로미터 이상의 거리를 경기 페이스로 훈련하거나 달리지 말라.
8. 전문화하라.
9. 기초 훈련과 고강도 훈련을 조화시켜라.
10. 훈련을 과하게 하지 말라.
11. 코치와 함께 훈련하라.
12. 정신적인 훈련을 하라.
13. 큰 경기 전에는 휴식을 취하라.
14. 상세한 훈련일지를 쓰라.
15. 훈련의 전체를 이해하라.

— 티모시 녹스, 『달리기의 제왕』 중에서

10

달리기의
과유불급 過猶不及

아무리 좋은 것도 그 정도가 지나치면 해가 된다. 인간의 행위와 삶의 모든 부분은 몸으로 시작해서 몸으로 끝난다. 달리기에서 얻는 정신적, 육체적 만족이 아무리 크다고 해도 몸으로 하는 정도가 지나치면 약이 아닌 독이 된다. 다다익선(多多益善)과 '미쳐야 미친다[不狂不及]'라는 말도 있지만 도를 넘는 이들은 대개 낭패를 보는 경우가 많다. 그렇게 도를 넘은 이들을 흔히 중독 또는 홀릭holic이라고 말하는데 요즘 차고 넘치는 게 이런 중독자요, 다양한 홀릭들이다.

    달리기도 중독된다. 다른 중독과 다르게 긍정적 중독이라고도 하지만 그 또한 중독으로 어느 선을 넘는 순간 긍정성은 부정성으로 변질될 수 있다. 달리기의 중독은 달리기를 하면서 느끼는 러너스하이runner's high를 유발시키는 엔도르핀이라는 호르몬 때문일

수도 있으나, 모든 중독과 마찬가지로 물질의 탓으로 돌리는 것은 조금 무리가 있다.

달리기에 중독된 이들은 하루에 적어도 한 번 혹은 그 이상 달리려고 하는 강한 욕구를 가지고 있어, 이로 인해 달리지 못할 경우 불안하고, 잠을 잘 자지 못하며, 심지어 건강이 나빠졌다는 죄의식마저 갖게 되며, 부상과 같이 일정기간 동안 달리지 못할 경우 긴장·불안·우울·걱정·자책 등의 달리기 금단증상에 빠지게 되는 경우도 있다고 한다.

달리기 또한 그 정도(程度), 알맞은 한도나 넘지 말아야 하는 선이나 멈추어야 할 지점을 아는 게 중요하다. 그러나 그 정도라는 게 개인차가 있어 표준화시킬 수는 없다. 어떤 이에게는 소주 한 병이 주량이라면 다른 이에게는 맥주 한 병이 넘지 말아야 할 선이 될 수 있는 것처럼 어떤 이에게는 달리기의 적정량과 한계치가 42.195킬로미터가 될 수 있고 다른 어떤 이에게는 100킬로미터의 울트라 마라톤이 될 수도 있으며, 또 다른 어떤 이에게는 5킬로미터, 10킬로미터 건강달리기가 될 수도 있다. 그랬을 때 중요한 것은 개인에게 알맞은 그 정도를 어떻게 파악하여 인지하느냐 하는 것이다. 그러나 한 개인의 한계치라고 해도 그건 어디까지나 감(感)에 근거한 대략적인 어느 지점일 뿐이지 정확하게 수치화할 수 있는 성질의 것이 아니다. 그날의 기분과 컨디션에 따라 그 한계치는 달라질 수 있기 때문이다. 정도나 한계를 잘 파악하고 그에 따라 잘 대처하기 위해서는 자신의 몸과 정신의 상태에 주의를 기울여야 한다. 그래야 그 한계치를 좀더 정확히 감지하여 부상과 실수를 줄이고, 나아가 중독에 따른 갖은 해악을 미연에 방지할 수 있다.

특히 달리기 훈련은 자신의 몸이 감당할 수 있는 정도를 넘어서면 부상을 입기 쉽다. 또한 근골격의 과도한 사용은 부상에서부터 위장장애, 수면장애, 식욕감퇴, 감정변화 등을 일으킬 수 있으며, 심한 경우 우울과 만성피로, 성욕감퇴와 무월경(여성)을 유발할 수 있다고 한다. 따라서 조지 쉬언이 말한 훈련에 관한 두 가지 규칙은 아무리 강조해도 지나침이 없다.

첫째, 무리한 연습보다는 부족한 연습이 낫다. 둘째, 문제가 생긴다면 그건 무리하게 연습했다는 신호이니 연습을 줄여야 한다.

달리기를 좋아하고 달리기를 잘한다고 해도 달리기 훈련을 성공적으로 행하기 위해서는 항상 몸이 보내는 미세한 신호들을 잘 읽어서 과훈련의 위험에 대비해야 한다. 적절한 휴식을 취하지 않거나 자신의 능력을 넘어서는 과도한 달리기는 활력을 주는 게 아니라 오히려 건강과 생기를 앗아가버린다. 따라서 자신이 어떻게 달리고 있으며 자신의 몸 상태는 어떠한지 관심을 가지고 체크해서 달리기에 반영해야 한다.

11
달리기와 부상

달리기를 하다 보면 언제든 부상을 입을 수 있다. 달리기뿐 아니라 모든 운동이 마찬가지다. 운동을 함에 있어 부상은 변수가 아니라 상수다. 그렇게 생각하는 게 속편하다. 그렇다고 부상을 가볍게 봐도 된다는 뜻은 결코 아니다. 운동을 하면서 부상을 걱정하고 부상에 두려움을 갖는다면 운동을 제대로 즐길 수도 없고, 실력 발휘도 되지 않는다. 운동을 잘한다는 것 그리고 실력과 노하우가 있다는 것은 부상의 예방부터 부상 후 관리를 잘한다는 것을 뜻한다. 운동선수의 실력은 부상과 매우 밀접한 관련을 가지고 있다. 뛰어난 기량을 가진 선수라 하더라도 매번 부상을 입어 운동에 지장을 초래한다면 최고라는 칭호를 들을 수 없는 것과 마찬가지다.

    달리다가 돌부리에 채여 넘어질 수도 있고, 도로 위에서 미

끄러져 쓰러질 수도 있다. 별것도 아닌 사고가 큰 부상을 초래하거나, 뒤로 넘어졌는데 코가 깨질 수도 있다. 다행히 달리기는 운동 자체의 요인으로 그렇게 큰 부상을 입는 경우는 별로 없다. 생명에 지장을 초래하거나 뼈가 부러지거나 심하게 신체기능장애를 초래하는 부상은 극히 드물다. 대부분 자잘한 부상이다. 물론 그런 작은 부상만으로도 좋아하는 달리기를 하지 못할 수 있고, 그토록 바라마지않던 경기에 참가하지 못할 수도 있다.

문제는 부상 자체에 있지 않다. 부상 예방과 부상 대처방법이 중요하다. 운동 중에 일어나는 부상은 외부 요인과 내부 요인에서 비롯된다. 외부 요인의 부상은 외부의 힘이 신체에 미쳤을 때 일어난다. 이런 부상은 심한 마찰과 충돌을 겪는 축구, 농구, 럭비, 아이스하키 같은 운동에서 자주 발생한다. 반면 내부 요인의 부상은 우리 몸 자체에 있다. 티모시 녹스는 내부 요인으로 인한 달리기 부상이 러너의 유전적 구조, 닳은 신발을 포함한 훈련이 행해지는 환경, 끊임없이 변하는 훈련방법들의 상호작용에서 초래된다고 한다.

달리기 부상에서 선행할 수 있는 유전적인 영향은 하지의 구조에 관한 것이며, 이것은 달리는 동안 우리의 엉덩이, 무릎, 발목과 그것들을 지지해주는 구조물인 근육, 건, 인대 들이 어떻게 기능하느냐를 결정한다. 유전적 구조의 차이 때문에 실제로 어떤 두 주자도 똑같이 기능하지 않는다. 더 중요한 것은 완벽한 역학적인 기능은 매우 드물며 완벽한 역학적 기능은 그들이 선택한 신발을 신고 부상 없이 원하는 만큼 멀리 달리는 약간의 주자들에게 국한되어 있다. 그 이외의 주자들은 다양한 정도의 생역학적 이상에도 불구하고 달리고 있는 것이다. 아마도 우리들 중 10명을 조사해보면 전에 기술한 모든 가능한 생역학적인 달리기 이상을 발견할 수 있을 것이다.

— 티모시 녹스, 「달리기의 제왕」 중에서

이는 누구나 부상의 내부 요인을 가지고 있으며, 부상을 당할 소지가 많다는 이야기다. 따라서 사전에 부상을 예방하는 것이 중요하다. 러너의 부상은 당연히 다리와 발에 집중된다. 그중에서도 마찰과 충격을 직접적으로 받는 발은 모든 부상의 직·간접적 원인으로 작용한다. 그래서 자신의 발에 적합한 신발이 중요하다. 일반 운동화나 닳은 러닝화 그리고 발의 특성을 고려하지 않은 러닝화를 신은 사람들은 달리기를 하는 동안 부상을 입을 확률이 그만큼 높아진다.

또한 대부분의 부상은 과훈련에서 비롯된다. 자신의 신체 능력을 초과한 과도한 훈련은 부상의 지름길이다. 달리는 거리를 서서히 늘려야 한다. 갑작스럽게 거리를 많이 늘리면 당연히 몸에 이상 신호가 오기 마련이다. 또한 스피드 훈련이나 언덕 훈련같이 새로운 훈련을 첨가하고자 할 경우에는 시간을 두고 차근차근 해야 한다. 과훈련이 발생하는 근본적 이유는 의욕에 넘쳐 훈련에 욕심을 너무 많이 부리거나, 조급함으로 훈련을 급작스럽게 늘리는 데 있다.

휴식도 부상을 예방하기 위한 중요한 수단이다. 적절한 휴식은 훈련의 연장이라는 것을 잊어서는 안 된다. 그리고 힘든 훈련과 쉬운 훈련을 번갈아가면서 수행하고 몸이 회복할 수 있는 충분한 휴식을 취해야 한다.

훈련 시작과 끝에 하는 워밍업과 쿨링다운도 부상 예방에 효과가 있다. 그밖에 일상적인 스트레칭과 체력 훈련도 부상 예방에 도움을 준다. 그리고 달리기에 좋은 주로를 선택하여 달리는 것도 부상을 예방하기 위해 필요하다.

마지막으로 몸의 통증에 관심을 가지고 몸 상태에 맞게 훈련 강도와 양을 조절해야 한다. 달리기 부상은 갑작스럽게 찾아오지 않는다. 일정한 기간을 두고 몸에 신호를 보낸다. 그 신호를 지속적으로 무시하거나 알아차리지 못할 경우 부상이 표면화된다.

흔한 부상의 예방과 치료

러너스 니(runner's knee, 슬개대퇴골 통증 증후군)
'러너스 니'는 가장 흔한 부상이다. 무릎덮개라고도 하는 슬개골은 허벅지뼈인 대퇴골 끝에 있는 고랑에 들어맞는다. 달리거나 걷는 중에 고랑의 중심에 있는 슬개골이 아래위로 유연하게 움직여야 한다. 만약 슬개골이 중심이 아닌 양쪽으로 움직여서 대퇴골과 마찰이 일어나면 통증과 염증을 유발하게 된다.

증상 – 달릴 때 무릎 주변과 아래쪽의 통증
     – 뻣뻣한 무릎

원인 – 훈련양이 많거나 거리를 갑자기 증가시킨 경우
     – 과회내
     – 과도한 Q각(슬개건과 대퇴사두근에 형성되는 각)

치료 – 무릎 주변을 손가락으로 눌러 아픈 부위를 찾아 냉찜질하라.
     – 슬굴곡근과 대퇴사두근을 자주 스트레칭하라.
     – 무릎보호대를 착용하라. 이는 걷거나 달리는 동안 슬개골을 고정시켜준다.

예방 – 과회내된다면 발 움직임을 제어하는 신발을 신는다.
     – 대퇴사두근과 슬굴곡근을 규칙적으로 스트레칭하고 강화한다.

장경인대마찰증후군

장경인대는 엉덩이부터 내려와서 무릎의 바깥쪽을 지나 무릎 관절 선의 바로 아래에서 큰 정강이뼈인 경골에 붙는 두꺼워진 근막의 띠다. 달리는 동안, 이 힘줄은 무릎 측면의 뼈가 불거진 부분 위에서 앞뒤로 움직이며 마찰하여 염증과 통증이 유발된다.

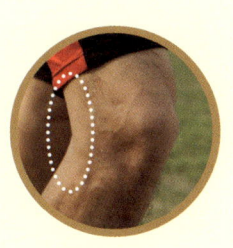

증상 – 장경인대마찰증후군의 전형적인 증상은 무릎의 외측, 대퇴골 외상과 바로 위에 국한된 심한 통증이다. 그 통증은 쉬면 없어지고 운동할 때만 나타난다.

원인 – 주간 훈련거리가 많은 경우
– 내리막 달리기를 많이 한 경우
– 볼록한 길(중앙에서 길가 쪽으로 경사가 진)을 달릴 때는 항상 길의 같은 방향으로 가기에 다리 외측의 장경인대마찰증후군을 일으킬 수 있다.
– 다리 길이의 불일치
– 아치가 높은 발
– 휜 다리
– 저회내

치료 – RICE (휴식Rest, 냉각Ice, 압박Compression, 들어올리기Elevation)를 이용하라.
– 표시된 용량대로 항염증제를 먹어라.
– 슬굴곡근, 대퇴사두근, 장경인대를 순서대로 하루에도 수차례 스트레칭하라.

예방 – 내리막 달리기를 과하게 하지 않는다.
– 볼록한 길을 달릴 때는 달리는 길의 방향을 바꾼다.

- 저회내인 경우, 쿠션이 있고 발 움직임을 도와주는 러닝화를 신는다.
- 장경인대를 규칙적으로 스트레칭한다.

아킬레스건염
아킬레스건은 장딴지 근육을 발꿈치뼈에 붙인다. 과도한 압박을 받았을 때, 힘줄을 이루는 몇 개의 가닥이 손상되고 염증이 생긴다. 아킬레스건염이 진행되면, 염증부위 위에 반흔조직이 형성되고, 아킬레스건의 유연성을 감소시킨다. 심한 경우 찢어질 수도 있다.

증상 – 보통 아침에 일어나서 처음 발을 내디딜 때 나타난다. 처음에는 약간 절게 되고 몇 분 동안 걷고 난 후에는 증상이 차차 없어진다. 이런 상태에서 점차 단계별로 통증이 심각해진다. 통증이 아킬레스건에 국한되고 만져보면 아프기 때문에 쉽게 알 수 있다.

원인 – 훈련 거리나 강도를 갑작스럽게 증가시킨 경우
- 너무 많은 스피드 훈련이나 달리기를 쉰 후 격렬한 훈련으로 갑작스럽게 복귀한 경우
- 충분하지 않은 스트레칭으로 인한 종아리 근육의 유연성 부족
- 모래와 같은 아주 부드러운 표면에서 너무 자주 오래 달렸을 경우
- 과회내

치료 – RICE를 이용하라.
- 표시된 용량대로 항염증제를 먹어라.
- 하루에 여러 번 장딴지 근육을 스트레칭하라. 아킬레스건도 스트레칭하라. 그러나 이것은 자극을 유발할 수 있으니 끝난 후 즉시 냉찜질하라.
- 아킬레스건의 긴장을 완화시키도록 굽이 있는 신발을 신어라. 당신이 가

장 편하다고 느끼는 굽 높이를 선택하라. 당신의 러닝화 정도가 가장 좋을 것이다.

예방 – 규칙적으로 장딴지와 아킬레스건을 스트레칭하라.
  – 굽이 낮은 신발을 신어라.
  – 만약 과회내자라면 회내를 제어하는 운동화를 신어라.
  – 부드러운 표면에서 달리는 거리를 제한하라.

족저근막염

족저근막은 발가락 바닥에서 시작해서 발 아래로 이어져서 뒤꿈치뼈 아래에 붙는 연결 조직의 두꺼운 띠다. 발바닥 근막에 압박이 가해지면 발꿈치 조직이 찢어지거나 염증을 일으킬 수 있다.

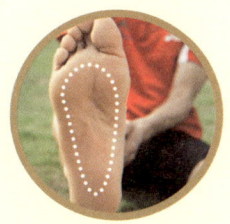

증상 – 발가락을 들어올릴 때 뒤꿈치 바닥에 통증이 느껴진다. 보통 아침에 근막이 팽팽하고 뻣뻣할 때 가장 아프고, 몸을 풀고 난 후보다 달리기를 시작할 때 더 아프다. 처음 몇 발짝을 딛을 때 뒤꿈치에 체중 부하로 인한 통증으로 절뚝거리고, 발목을 펴지 못하거나 엄지발가락을 디디지 못한다.

치료 – 원통형 얼음으로 발바닥을 문질러서 발바닥 근막을 냉각시켜라.
  – 표시된 용량대로 항염증제를 먹어라.
  – 장딴지와 아킬레스건을 하루에 여러 번 스트레칭하라.
  – 힘줄 부분을 피해서 발바닥을 마사지하라.
  – 근막에 압박이 덜 가해지도록 굽이 있는 신발을 신어라.

예방 – 장딴지와 아킬레스건을 규칙적으로 스트레칭한다.
  – 발에 맞는 러닝화를 신는다.
  – 발가락으로 작은 물건이나 수건을 집는 것을 반복하여 발 근육을 강화한다.

달팽이 씨의 즐거운 달리기

01
조朝깅과
야夜깅의 즐거움

달리기가 몸에 익은 사람도 운동화를 신고 길 위에 서기까지는 많은 갈등과 유혹에 직면한다. 오늘은 날씨가 추우니깐 내일로 미루면 안 될까, 비가 오는데 달리면 감기에 걸릴지도 몰라, 오늘은 TV를 보면서 쉬고 내일 달려도 되잖아 등등의 이유로 자신을 합리화하면서 유혹에 굴복하는 경우가 많다. 물론 자신의 몸 상태에 귀를 기울여 달리기에 반영하는 것은 현명한 일이다. 그리고 피곤함이나 귀찮음을 느낄 때는 달리기를 쉬는 것도 필요하다. 어디까지나 휴식도 훈련의 연장이므로.

그러나 달리지 않으려는 이유가 단지 얄팍한 변명과 핑계에 불과하다는 것을 스스로 느낄 때는 조금 더 강한 의지의 표현이 필요하다. 그럴 때는 과감히 나태해지고 움츠러드는 자신과 맞서야 한다. 러닝화를 신고 길 위로 당장 나가야 한다. 하지만 그게 가장 힘들다는 것 또한 사실이다.

의지의 행위로서 달리기가 좀더 잘 이루어지기 위해서는 달리기의 형태가 자신의 생활방식과 잘 맞아야 한다. 가령 밤 늦게까지 활동을 하고 늦잠을 즐기는 사람이라면 아침달리기보다는 오후 달리기가 더 현명한 선택이 된다. 그럴 때 달리기는 더 즐거워지고 달리는 빈도도 잦아지게 된다. 달리고자 하는 시간이 자신의 생활방식과 맞지 않는다면 달리기는 큰 부담으로 다가온다. 그렇게 될 경우 매번 갈등과 유혹에 굴복하기 쉽다.

자신의 라이프 스타일에 맞는 달리기 스타일을 만들어가야 한다. 어디까지나 달리기는 건강하고 즐겁고 행복한 삶을 위한 것일 뿐 삶보다 중요한 것은 결코 아니다.

조(朝)깅은 아침달리기로 '아침형인간'에게 적합한 달리기다. 조깅의 즐거움은 무엇보다 바로 짠 우유를 맛보는 듯한 신선함에 있다. 그 신선함을 맛보기 위해서는 따뜻한 이불 안에서 딱 10분만 더 자자는 참을 수 없는 유혹을 떨치고 일어나야 한다. 설사 힘겹게 일어났다고 해도 싸늘한 바깥 날씨와 몸에 와닿는 한기를 떠올리며 저도 모르게 진저리를 치고는 다시 이불 속으로 기어들어가기 쉽다. 하지만 이런 유혹을 떨치고 조깅을 시작하게 되면 그렇게 걱정했던 한기는 순식간에 가시고 몸이 따뜻해지면서 기분이 좋아진다. 나뭇가지 사이에서 지저귀는 새소리는 몽롱한 의식을 명랑하게 깨우고, 떠오르는 태양은 하루의 시작을 축복하는 것 같다. 즐겁고 희망찬

하루를 만드는 것이다.

　　새벽에서 아침으로 희미한 어둠에서 밝은 빛으로 섬세하게 변하는 시간을 느낀다는 것은 매우 놀라운 일이다. 떠오르는 태양을 마주한다는 것, 그것은 매일매일 사건과 사고로 점철되고, 온갖 질병과 걱정이 난무하는 이 세계에서 정신없이 바쁘게 산다는 것의 또 다른 의미를 느낄 수 있는 순간이 된다. 그건 살아 있음을 느끼는 원초적인 기쁨이다.

　　이 놀라운 원초적인 기쁨 속에서 차분히 오늘을 설계할 수 있는 것도 조깅이 주는 매력이다. 달리는 동안 아침에 있는 회의 안건을 다시 정리해볼 수도 있고, 일정이나 중요사항을 점검하고 오늘의 핵심포인트를 떠올리며 마인드컨트롤을 할 수도 있다.

　　조깅의 또 다른 즐거움은 아침의 여유다. 언제나 시간에 쫓겨 허둥지둥 아침밥도 제대로 챙겨먹지 못하고, 넥타이를 맬 시간도 없이 뛰쳐나가며, 신호가 깜빡이는 횡단보도를 무리하게 건너 종종걸음을 쳐야 겨우 지각을 면할 수 있는 아침과의 작별이다.

　　잠에서 깨어 달리기를 통해 생기와 활기를 되찾은 몸은 약간의 허기를 느낄 게 분명하다. 그렇게 마주한 따뜻한 아침식사는 건너뛰기 일쑤이거나 허겁지겁 배를 채우던 아침식사와는 다른 따뜻하고 풍족스런 느낌으로 다가와 힘찬 하루의 에너지가 될 것이다.

　　조깅이 생활패턴으로 안착된다면 일찍 자고 일찍 일어나는 착한 사람이 될 가능성이 열리는 것이다. 그러나 어느 정도 아침달리기가 습관이 되었다 하더라도 매일매일 잠자리에서 일어나는 것은 대부분의 일상사가 그렇듯이 지난하고 힘겹다. 한 가지 유념해야 할 것은 조깅을 위해 급작스럽게 생활패턴을 바꾸거나, 아침달리기의 정도가 지나칠 경우 낮 시간의 업무에 지장을 초래할 수도 있다. 회의 시간에 연신 하품을 하여 눈총을 받을 수도 있고, 달콤한 오수에 빠져 꾸벅꾸벅 졸 수도 있기 때문이다.

야(夜)깅은 조깅과는 다른 재미와 매력이 있다. 이 재미와 매력을 맛보기 위해서 양상은 좀 다르지만 조깅의 어려움과 같은 것을 이겨내야 한다. 야깅의 가장 큰 어려움은 직장에서의 일과나 하루의 일정을 마친 후에 다가오는 피로와 술 한잔의 유혹이다. 하루 일과를 마친 후에 동료들과 회포를 푸는 한잔의 술은 그 무엇에도 견줄 수 없는 기쁨이고 유혹이라는 점에서 야깅을 매번 미루게 만든다. 야근이나 회식처럼 어쩔 수 없는 저녁 일정 또한 야깅을 어렵게 만드는 요소다. 그러나 이 모두가 핑계일지도 모른다. 달리기에 조금 더 가치를 부여하고, 그렇게 부여한 우선순위에 따라 행동하게 된다면 매일은 아니더라도 어렵지 않게 야깅을 즐길 수 있다.

야깅은 하루를 차분히 정리할 수 있는 혼자만의 공간과 시간을 확보할 수 있는 수단이라는 점에서 매력이 크다. 하루를 반추하며 자연스럽게 스스로를 반성하고 하루 동안 받았던 스트레스를 훌훌 털어낼 수 있다. 상황과 환경의 변화만으로도 얼마든지 새로운 기분을 느낄 수 있다. 닫힌 공간에서 열린 공간으로, 여러 사람들과 낯선 이들과 부대껴야 하는 시간에서 벗어나 혼자만의 시간을 확보하면 기분전환에 상당한 도움이 된다.

야깅의 즐거움을 하나의 이미지로 최적화시킨다면 어둠을

가르며 달려나가는 러너와 그런 러너를 비추는 달빛 그리고 저 멀리 불빛이 아스라이 번져나가는 야경일 것이다. 무엇보다 야깅에서 달과 함께할 수 있다는 것은 커다란 즐거움이다. 그 즐거움은 달이라는 구체적이고 확실한 매개를 통해 세상과 진솔한 소통을 하기 때문인지도 모른다.

　　태양과 달리 달의 특성은 쌍방향성에 있다. 떠오르거나 지는 태양은 쌍방향성보다는 절대적인 일방향성을 느끼게 만든다. 그래서 일출이나 일몰은 장엄하고 위대하게 다가오는 것인지도.

　　하지만 달은 그렇지 않다. 어떤 형태의 달이든지 달은 고향처럼 친숙하고 포근하다. 달은 분명 러너의 중요한 동반자다.

　　야깅 후의 노곤함 속에서 마시는 한잔의 맥주도 빼놓을 수 없는 즐거움이다. 알맞게 피로해진 몸속으로 스며드는 가벼운 알코올 성분은 내일의 걱정을 뒤로 미루고 현재의 충만함을 느끼게 한다. 적당한 허기로 저녁식사는 기분 좋은 포만감을 느끼게 만들고, 포만감은 달콤한 잠으로 이끌어준다. 숙면을 취하지 못하는 이들에게 야깅은 보약과도 같다. 움직임이 현저히 줄어든 현대인은 숙면을 취하지 못하는 경우가 많은데 밤에 달리기를 하면 적당한 피로감을 통해 숙면을 취할 수 있다.

우중雨中 달리기의
우화寓話

"빗속을 달려본 적 있으세요?"

"아니요. 빗속을 뛰어가는 사람은 많이 봤어도, 빗속을 달리는 사람은 본 적이 없어요. 왜 비를 맞으며 달려야 하죠?"

"비를 맞으며 빗속을 달리는 이유는 비에 젖지 않기 위해서랍니다. 빗속을 달리면 몸은 젖지만 마음은 젖지 않거든요. 몸이 흠뻑 젖어 더 이상 젖는다는 게 의미가 없을 때 마음이 열리죠. 마음만 젖지 않는다면 비도 꽤 괜찮은 친구랍니다."

"얼마나 빗속을 달려야 마음이 젖지 않을까요?"

"글쎄요… 온몸이 비에 젖을 때까지… 그런 적이 있어요, 아주 어렸을 때 이야기죠. 먼지가 풀풀 날리는 학교 운동장에서 공을 차며 놀고 있었는데 갑자기 소나기가 내리기 시작했어요. 툭—툭— 떨어지던 빗방울이 순식간에 몰려들면서 바짝 마른 넓은 운동장을 적시는 게 눈에 보였어요. 결국 처마 밑으로 피해 엄청나게 쏟아지는 비를 보며 어쩔 줄 모르고 있는데 어떤 아이가 빗속으로 공을 뻥-하고 차는 거예요. 그러고는 씩- 하고 웃음을 짓고 빗속으로 달려나가 신나게 공을 몰고 가더니 골대 안으로 집어넣었어요. 그 모습을 본 아이들이 하나둘 빗속으로 달려나갔고, 망설이던 저 또한 퍼붓는 빗속으로 뛰어들었어요. 그러고는 모두들 윗옷을 다 벗은 채 땀인지 비인지 모를 흙탕물을 뒤집어쓰면서 붙잡고 넘어지고 쓰러지면서 공을 찼어요. 거친 맨땅에서 자유자재의 슬라이딩 태클이 가능한 순간이었죠. 한마디로 빗속에서의 축제였어요."

"저도 그런 비슷한 경험이 있어요. 속수무책으로 쏟아지는 비를 멍하니 바라보다 친구들과 함께 빗속으로 뛰어들어 어깨동무를 하고 비를 맞으며 노래를 부르고 춤을 추었죠. 함박눈을 소복이 맞으며 새하얀 눈밭을 뒹굴듯이."

"누구나 그런 기억 하나쯤은 가지고 있나봐요. 빗속에서 느꼈던 자유 같은 감각. 우울과 외로움과 체념과 한계 속에서 한 발짝 비에 젖는 세상 속으로 내디뎠을 때 느끼는 희열. 하지만 우린 더 이상 빗속을 달리지도 비에 온몸을 맡기지도 않아요. 왜 그렇게 변한 걸까요?"

"현실적으로 비를 맞으면 춥잖아요. 감기에 걸릴지도 모르고, 옷도 후줄근 더러워지고. 더구나 요즘과 같이 두피에도 건강에도 좋지 않은 산성비는 피하는 게 상책이고, 무엇보다 비를 맞는다는 건 그다지 좋은 추억이 아닌 경우가 많죠. 퀴퀴한 냄새와 축축한 습

기로 끈적끈적하게 들러붙는 불편하고 불쾌한 기분. 그리고 이러지도 저러지도 못하는 빗속에서의 외로움을 누가 좋아하겠어요. 어쩌면 그 모든 걸 회피하려 하기 때문인지도 모르죠. 퀴퀴함, 축축함, 불쾌함, 불편함 그리고 외로움….”

"그래요, 비를 피하려 하는 건 어쩌면 생의 본능이죠. 하지만 비를 피할 수 있는 사람은 아무도 없어요. 비에 젖지 않는다고 비를 피하는 건 아니죠. 그래요, 너무 많이 회피해온 나머지 너무 익숙해져 있는지도 모르죠. 쾌적함, 상쾌함, 편리함, 그리고 외로움을 느끼지 못하게 만드는 수많은 자극에. 그래서 비가 두려운 것인지도… 혹시, 비에 젖는 흙냄새 기억나세요?"

"지난 추억만을 이야기하기에 우린 아직 너무 젊지 않은가요. 그리고 우린 항상 폭신폭신하고 촉촉한 땅이 아닌 늘 단단하고 차가운 아스팔트 위에 서 있는걸요. 하지만 저 또한 그 흙냄새는 아직 기억해요. 뭐랄까, 고요하고 차분하면서 아주 깊은 곳에서 올라오는 냄새. 뿌리가 있는 향기 같은 거."

"뿌리가 있는 향기, 시적(詩的)인걸요. 그래요, 그건 뿌리에 대한 기억 같아요. 한 방울의 비가 땅에 떨어져 스미는 동안 올라오는 아득한 곳에 잠재된 기억의 향기. 만약 지구가 한 그루 커다란 바오밥 나무라면 비가 내리고 땅에 스미는 과정은 지구라는 나무와 우주라는 허공의 삼투압과정이 아닐까요. 우주에 떠도는 수분을 몸속으로 끌어당겨 수많은 열매를 맺기 위해 이동시키는 그런 과정. 흙냄새는 그런 과정의 일부가 아닐까요?"

"그래서 비가 그친 뒤에는 항상 세상이 상쾌하고 맑게 다가오는

거군요. 이제야 달팽이 씨가 비를 좋아하는 이유를 조금은 알 것도 같아요. 그리고 우중(雨中) 달리기를 좋아하는 이유도. 근데 한 가지 궁금한 게 있어요. 달팽이 씨는 빗속에서 도대체 어디를 향해 그토록 열심히 달리는 거죠?"

"글쎄요, 빗속의 달팽이들이 어디를 향해 가고 있는 게 아니라 그저 비를 즐기고 있는 거 아닐까요. 눈이 내리면 사람들이 스키나 보드를 즐기듯 그저 내리는 비를 타고 혹은 풀잎에 맺힌 빗방울을 타고 쓰윽- 미끄러지는 것을 즐기고 있는 것인지도."

93
더불어 함께 달리는 즐거움

달리기는 심심하고 지루한 운동이다. 마라톤 같은 장거리 달리기는 많은 인내가 필요하고 많은 시간과 노력이 필요하다. 달리기가 특별한 장비나 시설이 필요하지 않고 시간과 장소에 구애받지 않는 운동임에도 막상 시작하려고 하면 왠지 모르게 부담스럽다. 마라톤뿐 아니라 가벼운 조깅도 마찬가지다. 심지어 동네 공원 한 바퀴 도는 것도 큰 결심이 서지 않으면 쉽지 않다.

특히 달리기에 입문한 지 얼마 안 되는 이들에게 매번 요구되는 이런 결심은 금단증상을 견뎌야 하는 것 만큼 고통스러울 수 있다. 이쯤에서 그만두자는 뿌리칠 수 없는 유혹이 악마의 달콤한 속삭임으로 다가온다. 그러면서 그들은 다시 근본적으로 달리기를 왜 해야 하는지 심각하게 자문하게 된다.

'과연 잘해낼 수 있을까'라는 막연한 두려움에서부터 '얼마든지 신나고 재미있는 운동이 널려 있는데 왜 구태여 달리기라는 재미없고 따분한 운동을 해야 하지'라는 구체적인 회의까지.

하지만 이런 문제는 초보뿐 아니라 달리기에 익숙한 러너도 늘상 하는 고민이다. 이는 달리기 자체에 내포되어 있는 본질적이면서 매우 소소한 일상적인 문제다. 조금 다른 점이 있다면 러너는 그러한 두려움과 회의에 초보보다 조금 더 적응되어 있다는 점이다. 그리고 달리기의 재미와 유익함이 그러한 두려움과 회의를 상쇄시키고도 남는다는 것을 머리가 아닌 몸으로 느끼고 있다는 것뿐.

이럴 때 필요한 것이 함께 달릴 수 있는 동료다. 함께한다는 것은 상호의 신뢰와 약속을 전제로 하기에 어느 정도 자발적인 강제성을 부여한다. 그러한 강제성은 달리기를 시작하기 바로 전까지 겪는 유혹과 고민(두려움과 회의)을 대폭 줄여준다. 드디어 같은 처지에 놓인 사람을, 자신을 이해해줄 수 있는 사람을 만나게 된 것이다. 비슷한 양상의 고민을 나누며 서로를 격려하고 자신감을 북돋아주며 각종 정보를 교환할 수 있는 동료와의 만남은 충분히 달리기의 새로운 지평을 여는 계기가 된다. 한 가지 명심할 점은 동료를 만나기 위해서는 동료를 적극적으로 찾아나서야 한다는 점이다. 늘 하던 대로 가만히 앉아 있으면, 어느 날 갑자기 자기와 처지가 비슷하고 자신을 잘 이해해주는 동료가 '나 잡아봐라' 하고 나타나지 않는다.

달리기 동료를 찾는 방법은 의외로 매우 간단할 수 있다. 포털사이트 검색창에 마라톤을 키워드로 엔터를 누르면 네이버에서는 439건의 관련 카페가 뜨고, 다음에서는 2847건의 관련 카페가 뜬다. 그중에서 자신이 살고 있는 지역과 관계가 있는 카페의 문을 두드리거나, 관심 분야가 비슷한 카페에 가입하면 된다. 그러면 의외로 간단하게 그 외롭고 힘든 달리기를 함께할 수 있는 동료를 찾을 수 있다. 달리기와 마라톤 관련 카페는 달리기나 마라톤에 입문하고자 하는 초보자가 손쉽게 정보를 얻을 수 있는 장점이 있다.

혹여 부끄러움을 많이 타거나 낯을 가려서 이런 방법으로 동료를 찾는 게 내키지 않는다면 일단 자신의 활동범위 안에서 안테나를 세울 필요가 있다. 우선 달리기를 함께할 수 있는 사내동호회가 있다면 금상첨화다. 달리기는 많은 시간과 희생 그리고 사소하고 세밀한 노력이 필요한 운동이어서 비슷한 관심과 목적, 생활패턴을 공유한 사내동호회는 많은 장점을 가지고 있다. 첫째, 달리기에 대한 접근과 이해가 쉬워진다는 장점. 둘째, 달리기라는 공통의 목적과 화제를 통해 상대방을 더 많이 이해할 수 있게 된다는 점. 셋째, 그런 이해를 바탕으로 업무효율이나 업무환경이 개선될 수 있다는 점이다. 사내동호회가 없다면 주변의 친구를 끌어들이는 것도 좋은 방법이다. 일단 친한 사람과 달리게 되면 달리기가 주는 부담감에서 벗어나 훨씬 더 즐겁게 달리기에 접근할 수 있다. 그러나 이런 접근은 달리기 자체보다는 잿밥, 달리기 이후의 다양한 뒤풀이 활동에 더 많은 관심을 쏟게 만들 수 있다는 단점이 있다.

함께 달릴 수 있다면 함께할 수 있는 것도 생각해볼 필요가

있다. 달리기를 함께하면서 다양한 달리기 훈련, 장거리 훈련(LSD), 속도 훈련, 인터벌 훈련 등을 할 수 있다. 달리기 외적으로 할 수 있는 건 관계의 특성에 따라 달라지는데 직장 동료라면 가볍게 조깅을 하면서 형식에 얽매이지 않는 자유로운 개별면담을 할 수도 있고, 친구 사이라면 함께 달리면서 수다의 즐거움을 누릴 수도 있다. 가벼운 조깅이라고 해도 달리기는 몸 전체를 사용하는 격렬한 운동이기에 달리면서 함께할 수 있는 게 주로 대화에 그치는 게 사실이지만 대부분의 인간관계가 세 치 혀 위에서 이루어진다는 점에서 함께 달리면서 대화를 나눈다는 것은 아주 중요한 행위임에 틀림없다.

함께 달릴 수 있는 동료가 꼭 사람만은 아니다. 『달리기와 존재하기』의 저자 조지 쉬언은 러너가 피해야 할 세 가지로 자동차와 개와 의사(조지 쉬언 본인이 의사였지만 쉬언은 의사를 러너에게 불필요한 존재로 보았다)를 꼽았는데 물론 달리는 도중에 만나는 개는 되도록 피하는 게 상책이다. 동료로서가 아니라 먹거리로서의 친밀성 때문인지는 모르나 우리나라에서 개와 함께 달리는 러너를 보기란 쉽지 않다. 아마도 기반시설(도로 및 주로)과 인식(개의 보호관리 문제)에 따른 문화 차이가 아닌가 싶다. 서울과 같은 도심에서 개와의 산책은 가능할지 모르나 개와 함께 달리는 것은 한적한 근교나 시골이 아니면 불가능할 것 같다.

경험에 따르면 개는 의심의 여지없이 러너의 좋은 동료다. 물론 달리기의 좋은 동료가 되기 위해서는 개도 훈련이 필요하다. 달리면서 주로를 이탈하여 제멋대로 공원을 헤집고 다니거나, 풀숲에서 다른 짐승을 쫓고 길에서 만나는 다른 개와 으르렁 대기 일쑤라면 개는 동료가 아니라 골칫거리가 되기 때문이다. 하지만 이 모든 상황을 감내할 수 있고 함께 달릴 수 있는 공간적 여건이 된다면 개와의 달리기는 새로운 즐거움이 될 것이 분명하다.

클레어 코왈칙은 그의 책 『여자의 달리기』에서 전문 개 조련사의 말을 인용하여 함께 달리기 좋은 개를 언급했다. 다리가 길고 몸이 단단한 골든 리트리버, 래브라도, 그레이 하운드, 도베르만 또는 샐러키스 혹은 독일산 셰퍼드, 콜리, 셸티 같은 품종의 개들이다.

달팽이 씨와 함께 약 10킬로미터의 아침달리기를 했던 녀석은 진돗개의 피를 이어받은 똥개로 정말로 잘생긴 백구였다. 훈련을 전혀 받지 않아 시골길을 달리다가도 본능대로 수풀을 헤치며 산새를 쫓기 일쑤였다. 어딘가로 사라져 눈에 보이지 않다가도 녀석을 부르면 풀숲에서 불쑥 튀어나와 혀를 빼물고 달려오는 모습에서 충직함을 넘어 동료로서의 신뢰감마저 느낄 수 있었다. 안타깝게도 자유본능을 즐기던 녀석은 덫을 놓은 몹쓸 사냥꾼 때문에 생을 마감했다.

04
달리면서
음악 듣기

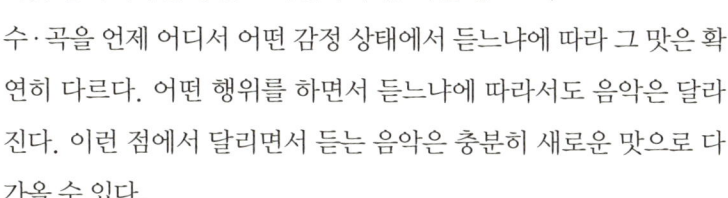

음악을 듣는 일은 언제나 즐거운 일이다. 음악과 노래는 삶에 없어서는 안 될 중요한 양념이다. 어떤 양념을 어떻게 조절해서 사용하느냐에 따라 맛이 달라지듯 음악이라는 양념도 마찬가지다. 어떤 장르·가수·곡을 언제 어디서 어떤 감정 상태에서 듣느냐에 따라 그 맛은 확연히 다르다. 어떤 행위를 하면서 듣느냐에 따라서도 음악은 달라진다. 이런 점에서 달리면서 듣는 음악은 충분히 새로운 맛으로 다가올 수 있다.

일하면서 듣고, 공부하면서 듣고, 놀면서 듣고, 심심해서 듣고, 그냥 듣고… 이런 음악을 달리면서도 들을 수 있다는 건 무척 행복하고 다행스런 일이다. 물론 달리면서 듣는 음악이 달리기의 본질적인 재미를 감소시킬 수 있다고 주장하는 러너가 있을지도 모르겠다. 달리기 자체가 하나의 리듬이고 음악이므로 다른 음악은 필요 없다는 주장 또한 충분히 이해가 된다. 그러나 음악은 달리기의 좋은 반주(伴走)임이 틀림없다. 특히 달리기를 지루하거나 재미없다고 생각하는 이들에게 달리면서 듣는 음악은 달리기를 훨씬 재미있고 활기 넘치는 운동으로 만들어준다.

　　무엇인가를 하면서 동시에 음악을 들을 수 있다는 것은 자장면과 짬뽕 둘 다 먹을 수 있는 '짬짜면' 같은 즐거움을 준다. 달리면서 음악을 듣는 것과 걸으면서 듣는 것은 다르다. 그 차이는 똑같은 짬짜면이지만 수타 면발이냐 기계 면발이냐 하는 차이와 같다. 누구나 걸으면서는 쉽게 음악을 들을 수 있지만, 누구나 달리면서 쉽게 음악을 들을 수는 없다. 그냥 중국집은 골목골목 수도 없이 많지만 수타로 면을 뽑는 중국집은 눈을 씻고 찾아야 한다. 따라서 수타 면발의 짬짜면을 먹기 위해서는 그만큼 공을 들이고 대가를 지불해야 한다. 그렇다고 달리면서 듣는 음악이 걸으면서 듣는 음악보다 맛이 좋다는 것은 결코 아니다. 다만 그 맛이 다르다는 것이다.

　　달리기라는 행위의 특성상 달리기에 어울리는 음악이 있을 수 있겠지만 러너 자신의 취향에 따라 달리기에 어울리는 음악은 얼마든지 달라질 수 있다.

　　음악에 조예가 깊은 무라카미 하루키는 달릴 때 재즈를 듣기도 하지만 주로 록을 즐겨 듣는다고 한다. 달리는 리듬에 맞는 반주로는 록이 가장 좋은 느낌을 주며, 오래된 노래 중에서 심플한 리듬의 음악을 즐겨 듣는다고 한다.

    사람마다 달리기의 페이스와 호흡과 리듬이 다르니 그에 어울리는 음악도 당연히 다를 것이다. 자신의 달리기 스타일에 맞는 음악을 찾는 것도 꽤 재미있는 일이 될 듯싶다. 그리고 날씨, 장소, 시간에 따라 달리기의 느낌이 달라지듯 그에 어울리는 음악을 들으며 달리는 것도 달리기의 또 다른 재미가 되지 않을까.

05

달리기로
출근하기

아침마다 마을버스, 시내버스, 지하철로 이어지는 출근길은 누구에게나 인내를 시험하는 고행길이다. 요가하듯 최대한 몸을 비꼬고 밀착시켜야 하는 비좁은 틈바구니에 서서 간신히 손잡이 하나에 매달려 명상해야 하는 러시아워는 한편으로는 고마운 유체이탈(幽體離脫)의 훈련장이다. 그러나 현실은 늘 꽉 막힌 도로 위이거나 지하일 뿐이다. 검은 매연과 뿌연 하늘만큼 답답한 도시의 하루가 그렇게 시작된다. 짜증나는 대중교통을 외면하고 손수 자동차를 몰고 나온다 한들 마찬가지다. 오히려 기름값과 시간만 더 축날 뿐이다. 도심에서 살아가는 당신은 질식할 것 같은 출근길에서 가끔씩 심각하게 탈출을 꿈꾼다. 그러나 그 탈출은 매번 부질없는 공상으로 끝난다.

만약 당신이 달리기를 시작했고, 달리기를 즐기는 러너라면 한번쯤 달려서 출근해볼 것을 진정으로 권한다. 달려서 출근하는 것은 절대 공상이 아니다. 출퇴근하며 받는 스트레스를 긍정적으로 해결하는 현실적인 여러 대안 중의 하나다. 집에서 회사까지 걸어서 출근할 수 있는 축복받은 러너가 아니라면 얼마든지 도전해볼 가치가 있는 일이다.

달려서 출근할 경우 무엇보다 러시아워 동안 대중교통을 이용하며 받는 진저리나는 불쾌함과 스트레스에서 벗어나 고요하고 여유롭게 혼자만의 시간을 가질 수 있다. 또한 출근과 운동을 병행할 수 있는 일거양득의 수단이 된다는 것도 빼놓을 수 없다. 출근시간을 이용하여 자연스럽게 운동을 하게 되면 별도의 운동시간을 만들지 않아도 된다. 그리고 얼마되지 않겠지만 조금이나마 교통경비를 줄일 수 있다는 경제적 이점도 있다.

달리기로 출근하게 될 경우 얻는 가장 큰 장점은 무엇보다 살아 있다는 감각의 회복이다. 그리고 그런 감각의 회복을 통해 얻게 되는 충만한 자신감이다. 살아 있다는 감각의 회복이란 한마디로 잃어버린 주체성의 회복이다. 현대인들은 끝없이 무엇인가에 의존한다. 온전히 홀로 할 수 있는 게 별로 없다. 현대인에게 출근은 버스와 지하철과 승용차가 없으면 꿈도 꾸기 어려운 일이다. 안타깝게도 현대인들은 편리와 풍요를 마음껏 향유하는 게 아니라 실제로는 편리와 풍요의 덫에 갇혀 있다.

자기 몸을 행위의 수단으로 삼는다는 것은 그만큼 독립적이고 자유롭다는 증거가 된다. 따라서 자기 몸을 수단으로 출근할 때 새롭게 열리는 세계와 자유를 맛볼 수 있다. 이러한 인식의 확산 덕분인지 달리기만이 아니라 자전거를 이용하여 출퇴근하는 사람들이 부쩍 늘고 있다.

이와 같은 이점에도 불구하고 달리기를 통해 출근하지 못하는 데는 그만큼 어려움이 있기 때문이다. 가장 큰 어려움은 시간과 거리 그리고 주변환경의 문제다. 출근 거리가 얼마 되지 않는다면 누구나 여유를 가지고 가볍게 달려서 출근할 수도 있겠지만 거리는 멀고 시간은 오래 걸리기 마련이다. 30분~1시간 내외의 출퇴근 거리는 그래도 양호한 편에 속한다. 혹여 가까운 거리라도 달리기에 적합하지 않는 환경조건(매연과 먼지) 때문에 불편하다. 그뿐 아니라 달리기로 흘리게 되는 땀과 달리기 위한 복장도 왠지 껄끄러울 수 있다.

달리기로 출근한다는 것은 일반인뿐 아니라 러너에게도 매우 힘들고 어려운 일이다. 실제 각자 처한 상황과 조건에 따라 달리기로 출근하는 것이 애초에 불가능하거나 적당하지 않은 일일 수도 있다. 그러나 생각하기에 따라 상황과 조건은 얼마든지 극복할 수 있다.

그러면 어떻게 달려서 출근할지에 대해 검토해보자. 일단 집과 회사와의 거리를 짐작해보고, 어떤 코스가 적당할지를 살펴봐야 한다. 집과 회사가 아주 멀리 떨어져 있을 수도 있겠지만, 도심에서는 차량과 지하철이 우회하는 경우가 많아서 실제 집과 회사의 거리는 더욱 줄어들 수 있다. 그러니 거리에 대한 공포는 잠시 접어두는 것도 현명하다. 거리와 코스 파악은 구글어스나 네이버 지도를 적극 활용하는 게 좋다. 서울에 거주하는 이들이라면 한강시민공원 지도 검색 사이트를 이용하면 많은 도움을 얻을 수 있다.

집과 회사의 대략적인 거리가 5킬로미터 이내라면 매우 적합한 거리이다. 5킬로미터는 가벼운 조깅으로 30~40분 걸리는 거리다. 10킬로미터 이내라면 달리기에 익숙한 러너에게 적당한 거리라고 할 수 있다. 만약 20킬로미터가 넘는 거리라면 일주일에 한 번이나 한 달에 두세 번 장거리 훈련 삼아 달려볼 수 있는 좋은 거리다.

거리를 파악했다면 이제 최단코스와 최적코스를 찾아야 한다. 서울을 예로 들자면 서울 중앙을 가르는 한강을 중심에 놓고 코스를 설정하는 게 매우 유용하다. 한강은 시설이나 환경 면에서 매우 쾌적하여 달리기에 적합할 뿐 아니라, 출입로가 각 지역에 산재해 있고 다른 하천들과 연계되어 있어 코스를 설정하는 데 매우 편리하다.

거리 파악과 코스 설정이 끝났다면 달려서 출근하는 문제를 거의 해결했다고 볼 수 있다. 그밖에 세면과 복장의 문제는 그리 큰 문제가 되지 않는다. 회사 내에서 땀을 씻을 수 있는 샤워시설이 있다면 가장 좋겠지만 그렇지 않다면 주변의 사우나 또는 찜질방을 이용하여 땀을 씻어내면 된다. 그것도 여의치 않다면 화장실에서도 얼마든지 땀을 씻어낼 수 있다. 남들의 눈치를 보고 시선을 의식한다면 쉽지 않겠지만 화장실에서 땀을 씻어내는 건 매우 당연한 행동이다. 조지 쉬언은 정직하게 흘린 땀은 냄새가 나지 않는다며 씻지 않고 수건으로 닦아내도 충분하다고 했다. 복장은 달려서 출근하기 전날 미리 회사에 가져다놓는 수고를 한다면 크게 어려운 문제도 아니다. 이런 모든 준비가 끝났다면 달려서 출근하기 전에 미리 코스를 달려보는 게 좋다.

상황에 따라 달리기로 출근하는 것은 매우 어려운 일이 될 수도 있지만 한번 직접 부딪쳐본다면 그리 어려운 일은 아니다. 상황과 조건에 따라 달리기로 출근하기가 일상의 일이 될 수도 있고, 주중 행사, 월중 이벤트가 될 수 있다. 무엇보다 달리기의 새로운 재미를 느낄 수 있다는 점에서 러너라면 한번 도전해볼 만한 가치가 충분하다.

서른 살,
내 인생의
첫 마라톤

초보 러너에서 마라톤 풀코스 완주까지

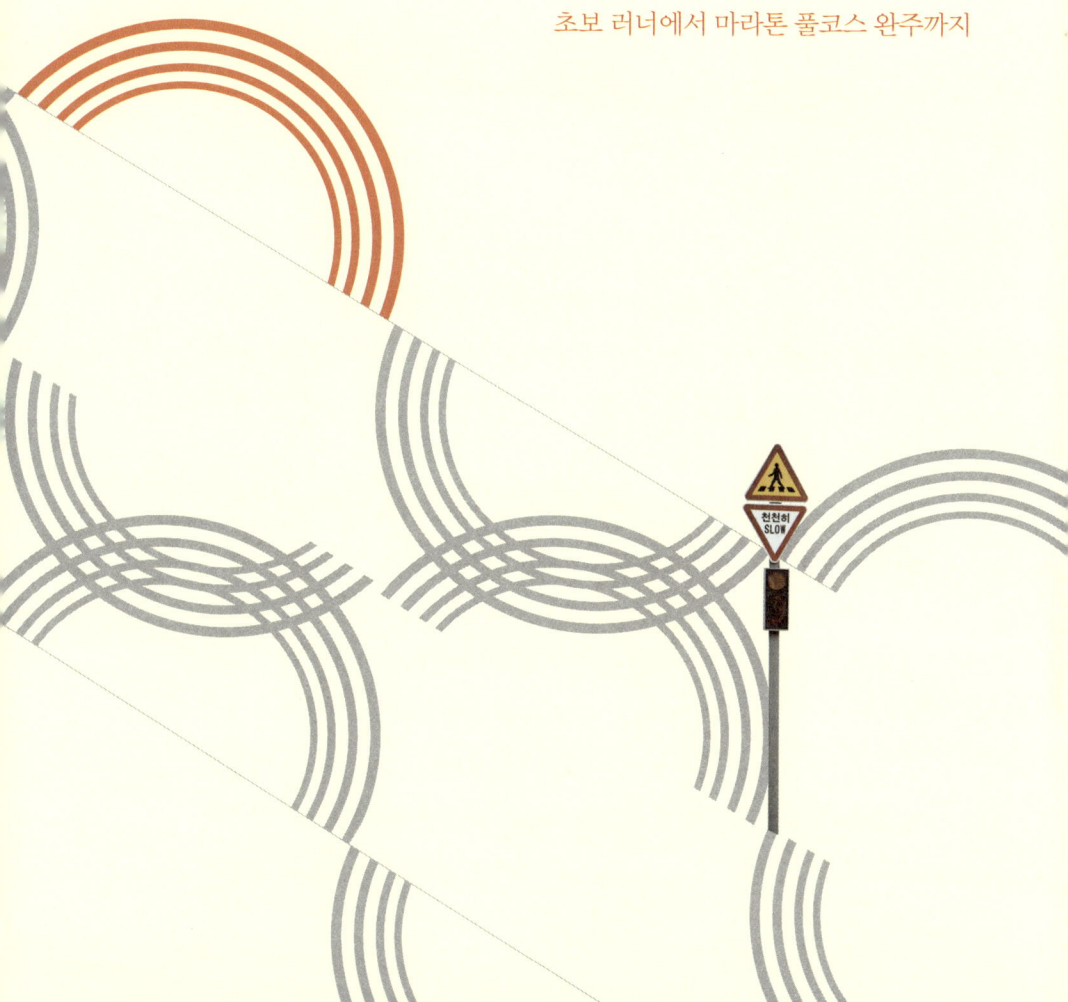

01
도전,
영원한 젊음의 안식처

어느 날 달팽이 씨는 한강 다리 위에 섰다. 망망대해 같은 한강 위에 외로운 섬처럼 서서 발밑으로 흘러가는 강물을 바라보았다. 왜 한강 다리 위에 섰을까, 알 수 없는 이 '멜랑콜리'는, 죽으려고? 물론 아니다. 한강 다리 위에 우두커니 서 있는 이유가 꼭 죽기 위해서는 아니다. 살다 보면 그냥 그런 날이 있다. 아무 이유 없이 한강 다리를 걸어서 건너고 싶어지는 그런 이상한 날이.

막차를 놓친 것도, 택시비가 없는 것도 아니었다. 그저 퇴근길 버스 안 사람들 틈바구니에 끼어 이리저리 흔들리다가 창밖으로 보이는 정체된 도로에서 참을 수 없는 짜증을 느껴 무작정 버스에서 내렸다. '무작정'이라는 단어는 콘크리트보다 견고하고 매트릭스보다 촘촘한 삶을 뿌리째 뽑아 불확실성의 바다에 내던지는 묘한 마력

서른 살, 내 인생의 첫 마라톤

을 가졌다. 이 단어 앞에서 일상과 일상을 둘러싼 세상은 양파껍질처럼 벗겨져 비의(秘意)의 진경(眞景)을 드러낸다. 그리고 홈플레이트 근처에서 뚝- 떨어지는 변화구 같은 진경 앞에서 우리들의 방망이는 헛돌기 마련이다.

　　무작정 걷다 홍대 근처 후배 사무실을 찾았지만 아쉽게도 후배는 외출 중이었다. 한잔의 유혹을 떨치지 못했나? 그럴지도 모르겠다. 그저 걸었다. 후배에게 미리 전화를 걸었다면 이런 번거로움과 수고로움을 피할 수 있었을지도 모르지만, 전화를 걸지 않았기에 정말 두 다리로 걸어야 했다. 허전함과 공허함 속에서 그렇게 터벅터벅 걷다 보니 어느새 합정역을 지나 절두산 순교지와 양화진 외국인 선교사의 묘역 근처에 이르렀고 마침내 양화대교를 만났다.

　　잠시 망설였다. 한강에 놓인 많고 많은 다리 중의 하나인 양화대교. 저 다리를 건너야 집에 갈 수 있다. 어떻게 저 다리를 건널까. 버스는 타기 싫고, 전철은 더욱더 싫고, 누구든 불러 시원한 맥주라도 한잔 걸치면 좋으련만 부를 수 있는 이가 없다. 건너야 할 다리 하나 두고 그렇게 망설이다 한강에 놓인 많고 많은 다리 중의 하나인 양화대교를 무작정 걸어서 건너기로 했다. 매일 아침저녁으로 버스를 타고 건너는, 전철을 타고 바라보는 이 다리를 직접 걸어서 건넌다고 생각하니 무관심 속에 방치되어 있던 너무도 익숙한 양화대교가 낯설고 설레는 풍경으로 다가왔다.

　　세상사 쉬운 일 없듯 한강 다리 하나 걸어서 건너는 데도 결단과 용기가 필요했다. 질주하는 차량들을 피해 인적이 드문 몇 번의 횡단보도를 가로질러 건너야 했다. 수많은 차량에 둘러싸인 고립감과 꼬리에 꼬리를 무는 차량들의 거대한 흐름에서 벗어난 어떤 단절감이 처음에는 불쾌하게 다가왔다. 그러나 그런 꿍한 마음을 훌훌 털고 다리 위를 걸어가니 금세 기분이 좋아졌다. 절로 탄성이 터져나오는 탁 트인 한강의 활연한 풍경과 다리 위에서 만나는 시원한 바람이 찌든 일상의 걱정과 고민을 씻어주는 것 같았다.

그러고 보니 걸어서 다리를 건널 때면 항상 다리 한가운데에 머무르고 싶은 강한 유혹을 느낀다. 그렇게 유혹에 이끌려 난간에 기대어 담배 한 대 물고서 가야 할 곳과 떠나온 곳을 번갈아 바라보고 있으면 문득, 바람이 부러워지기도 한다. 다리 위의 중간, 이곳은 이쪽도 저쪽도 아니다. 피안(彼岸)도 아니고 차안(此岸)도 아니다. 번뇌도 없고 깨달음도 없다. 오직 바람만이 모든 경계를 넘어 자유롭게 오고 간다. 그렇게 다리 중간에서 눈을 감으면 바람의 날개가 돋는다.

'날개야 다시 돋아라. 날자. 날자. 날자. 한 번만 더 날자꾸나. 한 번만 더 날아보자꾸나.'

– 이상, 『날개』 중에서

바람의 날개가 돋는 다리 위에 사람들이 멈추어서는 이유는 불현듯 이별의 의미를 깨닫기 때문인지도 모른다. 그 이별은 때론 아득한 곳에서 되살아나는 한 여자와의 이별일 수도 있고, 광석이 형의 노래가사처럼 매일매일 이별하며 살고 있는 우리들의 일상일 수도 있다. 다리 위에서 깨닫는 이별의 의미는 하루하루 이별하며 살고 있는 자신과, 이제는 그 이별에서 새로운 시작을 준비해야 한다는 마음과, 새로운 시작을 위한 용기를 새롭게 되새기는 것인지도.

저무는 노을 속으로 흘러가는 강물을 바라보면서 무엇인가 아쉽고, 또 무엇인가 그립지만 흘러가는 강물을 막을 수 없고, 지나간 날들을 돌이킬 수도 없다. 서른, 이제는 그 이별 속에서 시작해야 한다. 달려야 한다. 어쩔 수 없다. 산다는 건 매일매일 이별의 연속이고 새로운 다리를 건너는 일이다.

달팽이 씨가 양화대교 중간에서 깨달은 것은 이별이었다. 그 이별을 긍정적으로 해석하고 삶의 자양분으로 만들기 위해서는 새로운 도전이 필요했다. 도전은 이별 속에서만 가능하다. 이별을 받아들일 때 비로소 도전이라는 새로운 세계가 눈앞에 펼쳐진다. 다시 진심으로 전력을 다할 수 있는 아름다운 힘. 그것은 크나큰 단절의 아픔과 상처를 동반하지만 아픔과 상처를 딛고 새로운 삶으로 나아가는 계기가 된다. 그런 계기를 열어주는 이별을 사랑할수록 삶은 다채로워지고 풍요로워지는 게 아닐까.

달리기라면 기겁을 하던 후배 녀석도 여자친구와의 헤어짐을 계기로 달리기를 시작한 것을 보면 이별은 분명 한 사람의 인생을 완전히 뒤바꿔놓을 수 있을 만큼 영향력이 크다. 하지만 한 사람의 의지는 어떠한 조건과 상황에서도 이별을 극복하고 새로운 인생을 성취할 수 있을 만큼 충분히 용기 있고 위대하다.

그날 이후 달팽이 씨는 마라톤이라는 구체적인 도전을 생각하게 되었다. 한강둔치를 조깅하면서 양화대교를 바라볼 때면 그런 생각이 더욱 굳어졌다. 한 번도 생각해보지 않았던 42.195킬로미터라는 거리가 머릿속을 가득 채웠다. 그전까지만 해도 마라톤 대회는 자신과는 전혀 다른 이질적인 세계의, 참가할 수도 없고 참가하고 싶지도 않은 행사일 뿐이었다. 하지만 인생에 있어서 한번쯤, 아니 딱 한 번만 마라톤을 완주해보면 어떨까, 하는 생각이 들면서부터 아무런 색채 없이 존재하던 마라톤이라는 단어가 새벽별처럼 반짝반짝 빛나기 시작했다. 더도 말고 덜도 말고 인생에서 딱 한 번, 어때 멋지지 않아? 인생을 마라톤이라고 하잖아. 42.195킬로미터 거리를 달릴 수 있다면 어쩌면 내가 진짜로 원하는 인생을 살 수 있을지도 몰라.

단지 42.195킬로미터를
달리고 싶을 뿐이야

전국 마라톤 대회 일정과 마라톤 정보를 얻을 수 있는 사이트를 드나들며 달팽이 씨는 참가를 위한 적당한 대회를 물색했다. 목표는 따뜻한 봄날의 마라톤 풀코스 완주. 하지만 쉽게 결정을 내리지 못하고 미적거리고 있었다. 마라톤 풀코스는 무리가 아닐까. 걱정이 슬며시 고개를 내밀면서 애초에 가졌던 열의가 한풀 꺾이기도 했지만 일단 저지르고 보자는 심사로 대회 등록부터 했다. 서울 도심에서 열리는 제한시간 6시간인 풀코스 대회. 참가비 4만원을 온라인으로 결제하고 나자, 비로소 가슴속에서 '요이, 땅―' 하는 새로운 기분이 들었다.

'할 수 있어! 하게 만들면 돼.' 앞으로 남은 5개월가량의 시간을 어떻게 준비해야 할지 구체적인 계획이 필요했다. 그러나 관련 마라톤 정보와 기사를 검색해도 무엇인가 부족하고 미진했다. 지금까지 무턱대고 달리기를 해왔는데 좀더 체계적으로 달리기에 접근할 필요성을 느꼈다. 그래서 마라톤 관련 서적을 몇 권 구입하고 인터넷 마라톤 카페에도 가입했다. 오프라인 카페 활동을 통해 다른 사람들과 훈련이나 모임을 함께하는 것도 생각해보았지만 그다지 내키지가 않았다. 그저 인터넷에서 정보를 얻는 것만으로도 충분하다고 생각했다. 곁에서 고수의 조언과 도움을 받는다면 두려움을 떨치고 좀더 쉽게 마라톤에 다가갈 수 있을 것 같기도 했지만 시작부터 완주까지 모든 것을 스스로 하고 싶은 욕심이 앞섰다.

계획은 단순했다. 매일은 아니더라도 꾸준히 달린다. 달리지 못할 경우에는 다른 대체운동을 한다. 일요일마다 장거리 달리기를 실시하며 거리를 꾸준히 늘린다. 술과 담배를 줄이고 절제된 생활을 한다. 이참에 담배를 끊어볼까. 다소 무모한 계획이 떠오르기도 했지만 금연과 마라톤 완주라는 두 마리 토끼를 잡는다는 게 무리라는 생각이 들었다. 하지만 마라톤 풀코스 완주를 위해서는 담배를 줄이긴 줄여야 했다.

달팽이 씨는 한동안 마라톤 풀코스 완주 계획을 주위 사람들에게 숨겼다. 그건 일종의 비밀이었다. 자기만의 비밀계획을 가지고 있는 게 무척 뿌듯하고 묘한 흥분을 가져다주었지만, 비밀을 유지할 수밖에 없었던 가장 큰 이유는 마라톤 완주를 해낼 자신이 없어서였다.

목표와 그에 따른 계획을 세운 사람은 흔히 두 가지 유형으로 구분된다. 자신이 세운 목표와 계획을 주위 사람들에게 공표하고 아주 당연한 듯 공언을 하는 사람이 있는 반면, 조심스럽게 자신의 가슴에 묻어두고 소리 없이 한 발 한 발 목표달성을 위해 노력하는 사람이 있다. 외향적이거나 내향적인 타입의 사람인데 둘 다 장단점이 있다.

    외향적인 유형의 장점은 자신의 계획을 떳떳하게 밝히고 공표함으로써 계획에 대한 부담을 덜어내고 힘들거나 어려울 때 주위의 이해나 도움을 요청하기 쉽다는 것이다. 하지만 빈 수레가 요란한 것처럼 내실이 적을 수도 있고, 외부 조건에 휘둘릴 가능성도 높다.

    내향적인 사람은 주도면밀하여 한 가지부터 열 가지, 스스로 해결하려는 의지가 강하고 책임감이 강하다. 외부 기준이 아닌 스스로의 내적 기준을 가지고 계획과 목표에 다가가기 때문에 외부 환경보다 자신의 내적 의지를 중시한다. 그리하여 계획이나 목표에 대해 너무 큰 부담을 느끼거나 스스로 강한 압박을 자초하여 곤란한 경우가 있다. 다행스럽게도 사람들은 대부분 외향적인 면과 내향적인 면을 골고루 가지고 있다.

    어느 정도 달리기에 자신감이 붙자, 달팽이 씨는 마라톤 풀코스 완주 계획을 주위 사람들에게 이야기했다. 반응이 다양했다. 일단 어머니와 아버지를 비롯한 가족들은 무관심 속의 지지를 보내며 '과연 할 수 있겠니?'라는 의심의 눈초리를 거두지 않았다. 그러면서 너무 무리하면 도리어 건강에 좋지 않다는 충고를 잊지 않았다. 같은 또래의 직장동료와 친구 들은 꽤나 놀랍다는 반응을 보이면서도 한편으론 시큰둥했다. 단지 건강을 위해서라면 마라톤보다 금연이 효과적이지 않을까? 이런 건강상의 조언을 던지면서 더는 날이 새도록 음주가무를 즐길 수 없는 것에 대해 아쉬움을 표했다. 이제는 '날밤 까면서' 노는 게 힘에 부치고, 팍팍 늙는 소리가 들리는 나이라는 점에도 공감을 표시했다. 모두들 운동의 필요성에 동의하면서도 하필 그 운동이 달리기이고 목표가 마라톤 풀코스 완주인가에 대해서는 반신반의했다.

『나는 달린다』의 저자인 요슈카 피셔Joschka Fisher는 택시 운전사에서 독일 외무부 장관을 역임하기도 했는데, 달리기를 통해 112킬로그램의 엄청난 비만 상태의 몸을 75킬로그램의 날씬한 몸매로 만들어 나이 쉰에 마라톤에 도전하여 완주했다. 그는 어느 날 아내에게서 결별 통지를 받고서 인생의 심각한 위기를 맞았다. 그 중요한 고비에서 그는 근본적인 변화를 시도했다. 파멸하지 않기 위해서는 지금 완전히 변해야 한다는 믿음으로 달리기라는 새로운 도전에 나섰다. 스물두 살 연하와 네 번째 결혼을 하고, 다시 이혼을 하는 등 세간의 주목을 받기도 한 그의 이야기는 단순히 다이어트 성공담을 넘어 나이 쉰에 성공적인 자기 개조를 통한 새로운 인생을 펼쳐놓아 많은 이들로부터 질시와 찬사를 받았다.

우리나라에 마라톤 열풍이 몰아친 것은 2000년 초반이었다. 웰빙과 더불어 건강상의 관심이 폭증한 이유도 있었지만 마라톤 열풍은 무엇보다 정신적이고 내적인 욕구에서 비롯되었다. 1997년 'IMF 사태'라는 초유의 경제 재난을 맞은 대한민국호는 정상 궤도

를 이탈했고, 수많은 사람들이 파산과 위기를 맞았다. 뒤 한번 돌아보지 않고 열심히 앞만 보고 달려왔을 뿐인데 어느 날 날벼락을 맞았고, 사회 전체는 심각한 공황상태에 빠졌다. 한 가족의 생계를 책임지던 가장들은 갑작스런 실직으로 길거리에 내던져졌고, 직원들과 동고동락을 하며 회사를 이끌던 CEO들은 공장 문을 닫아야 했다. 하지만 그렇다고 그대로 주저앉아 있을 수는 없는 노릇이었다. 다시 시작해야 했다. 근본적인 재정비가, 터닝포인트라는 계기가 필요했다. 그렇게 철저히 바닥에 내동댕이쳐진 이들이 바닥을 짚고 일어서기 위해 선택한 것이 마라톤이었다. 이렇듯 마라톤은 육체적, 정신적으로 근본적인 재정비를 위한 계기가 되는 게 사실이다.

하지만 마라톤을 하는 데 어떤 극적인 계기가 꼭 있어야 하는 건 아니다. 마라톤을 자신과의 싸움이나 한계의 극복같이 아주 특별한 사람들의 특별한 운동으로 여기기도 했지만 그건 어디까지나 옛날이야기다. 또한 마라톤을 '극기'나 '한계의 도전' 같은 의지의 측면으로만 바라보는 것은 마라톤 문화 정착단계 초기의 인식수준일 뿐이다.

달팽이 씨는 그저 인생에서 딱 한 번 마라톤을 완주하고 싶을 뿐이었다. 인생의 작은 이벤트, 평생토록 잊을 수 없는 하나의 추억을 만들기 위해 42.195킬로미터를 달려보고 싶은 마음이 전부였다.

03

몸의 변화 그리고
부상

달팽이 씨는 지속적으로 달리기를 하면서 몸이 가벼워지는 것을 느꼈다. 외형적인 변화는 아주 더디게 찾아왔다. 너무 느려 쉽게 지각할 수 없을 정도였지만 간만에 만나는 사람들은 달팽이 씨의 얼굴을 보자마자 몸의 변화를 눈치챘다. 너 무슨 좋은 일 있냐? 다시 연애 시작한 거니? 등등의 반응은 단지 서서히 볼살이 빠지면서 드러난 얼굴의 각(角) 때문은 아니었을 게다. 뭐랄까 내적인 자신감과 긍정성이 외적인 변화와 맞물려 풍기는 생의 활력, 자연스럽게 빛을 발하는 에너지 같은 것 때문이 아니었을까. 아무튼 주위의 그런 질시 어린 반응은 또 다른 동기부여가 되기에 충분했다.

스스로 변화를 이끌어낸다는 기쁨을 누리면서 친구들에게 달리기 예찬을 늘어놓는 일은 일종의 지적 만족과 같은 육체적 만족의 기쁨을 가져다주곤 했다. 물론 보는 입장에 따라 '각이 살아난 얼굴'은 '핼쑥해진 얼굴'로 받아들여지기도 했다. 그래서 어머니는 운동도 좋지만 제때에 제대로 챙겨먹고 다니라고 늘상 말씀하셨다. 단순히 먹는 양을 비교해보면 오히려 늘면 늘었지 줄지는 않았다. 다만 전보다 더 많은 양의 칼로리를 운동을 통해 소비한다는 점이 달랐다. 그리고 칼로리를 소비한 만큼 몸은 영양섭취를 원했기에 당연히 식욕이 좋아질 수밖에 없었다.

그다음에 찾아온 신체변화는 눈에 잘 띄지 않는 군살의 감소였다. 마라톤을 위한 장거리 달리기를 본격적으로 하면서 팔, 다리를 비롯한 몸의 군살이 빠지고 근육이 단단해졌다. 그리고 공공의 적인 뱃살의 전선이 조금씩 후퇴하기 시작했다. 체지방 0퍼센트에 가까운 완벽한 '초콜릿 복근', 뭇 여성들의 로망을 자극하는 '王'자는 아니었지만 확실히 그리고 서서히 뱃살이 빠지기 시작했다. 밋밋하던 종아리 근육이 조금씩 단단해지면서 튼실하게 알이 들었고, 말랑말랑하기만 했던 허벅지 근육도 힘을 주면 갈라지는 게 느껴졌다. 러너의 몸은 비록 초콜릿 복근과 체지방 0퍼센트의 몸매와는 거리가 멀지만 자신의 신체 구조와 특성에 맞추어 달리기라는 운동에 최적화시킨다. 물론 몸이 이렇게 변하기까지 제법 많은 노력들이 필요했다. 무엇보다 장거리 달리기를 한 후에는 밤마다 다리가 쑤시고 저렸으며 가끔씩 한밤중에 벌떡 일어나 난데없이 종아리에 난 쥐를 잡아야 하기도 했다.

운동이 생업이 아닌 이상 운동을 하기 위해서는 어쩔 수 없이 하루의 시간을 쪼개야 했다. 시간을 쪼갠다는 것은 시간을 계획

한다는 것이고, 그만큼 시간의 효율성을 늘려간다는 의미다. 그런 점에서 업무시간의 집중도를 높여 업무효율을 높일 수밖에 없었다. 그렇게 시간을 효율적으로 사용하면서 낭비되는 시간을 줄일 수가 있었다. 이를테면 업무 외적인 메신저 대화나 업무와 관련 없는 인터넷 서핑이나 뉴스 검색 시간이 줄어들었다. 그뿐 아니라 짬짬이 휴식을 취하는 버릇도 생겼다. 예전 같으면 멍하니 TV를 보거나 쓸데없는 걱정과 공상으로 시간을 죽이기 마련이었는데 운동으로 인해 적당하고 기분 좋은 피로를 느끼면서 달콤한 낮잠과 휴식을 즐기게 되었다.

달팽이 씨는 일요일 장거리 달리기를 통해 조금씩 거리를 늘려나갔다. 라인 강변을 따라 달리며 다리를 목표지점 삼아 점차 거리를 늘려간 요슈카 피셔처럼 한강변을 따라 통과하는 다리 수를 늘려나가면서 거리를 늘려갔다. 이런 식이었다. 양화대교에서 서강대교를 지나 마포대교까지 달리기를 한다. 다음에는 양화대교에서 원효대교까지 다리 하나를 추가한다. 그렇게 무리하지 않고 차근차근 다리를 늘려나가다 보니 어느덧 두 시간 이상을 힘들이지 않고 여유롭게 달릴 수 있게 되었다.

마라톤을 염두에 두고 달리기를 꾸준히 하면서 확실히 몸이 좋아졌다. 하지만 몸이 좋아지는 만큼 긍정적인 곤혹스러움도 늘어갔다. 그것은 신체 대사와 내분비 호르몬의 상태가 좋아지면서 발생하는 아주 자연스런 현상이었다. 술이 더 자주 당겼고, 웬만큼 마셔서는 도무지 취할 기색이 없었다. 그러니 주량이 늘어날 수밖에.

그렇게 늘어난 주량은 기껏 만들어놓은 몸을 망치기 일쑤였다. 그런 다음에는 또다시 며칠 공을 들여 달리기로 몸 상태를 끌어올리고, 다시 술로 몸을 망치는 그야말로 '긍정적 악순환'의 반복이었다. 이런 긍정적 악순환의 고리를 끊기 위해서 부모님께서는 슬슬 결혼을 생각해야 할 때라고 주장했고, 친구들은 새로운 여자친구 나아가 애인이 필요하다고 말했다. 반려자 혹은 이성 친구로 긍정적 악순환이 긍정적 선순환 또는 부정적 선순환으로 변하는 것은 아닐 테지만 달팽이 씨는 굳이 긍정적 악순환을 끊고 싶지 않았다.

달리기가 주는 일상의 긍정적 악순환을 반복하다 어느 날 갑자기 부상이 찾아왔다. 일요일, 양화대교에서 반포대교까지 장거리 달리기를 하고 있을 때였다. 두 시간 정도 달릴 요량으로 달랑 1천 원짜리 한 장 들고 나섰는데 그만 낭패를 보고 말았다. 한 시간가량을 달린 후 반포대교에서 생수 한 병을 사서 마시며 잠시 휴식을 취한 다음 다시 몸을 움직이려 하자, 왼쪽 무릎 주위에서 날카로운 통증이 일었다. 휴식을 취하다 갑자기 몸을 움직여서 그런가? 무릎을 굽혔다 펴며 스트레칭을 해보았지만 조금도 나아지지 않았다. 살살 걷는 데는 아무 지장이 없는데 발을 내딛으며 달리면 무릎에 통증이 왔다. 오른쪽 무릎에 더 많은 체중을 실으며 달려도 마찬가지였다. 이렇게 계속 달리다가는 큰 부상으로 이어질 수 있겠다 싶어 달리는 것을 포기하고 걷기 시작했다. 좀 걷다 보면 나아지지 않을까 기대를 했지만 한참을 걷고 나서도 통증에는 그다지 변화가 없었다. 참고 달려볼까 하다가 걱정 때문에 차마 달릴 수가 없었다. 그렇게 걷고 있자니 땀이 식으면서 슬슬 추워지기 시작했다. 가야 할 길은 먼데 무릎은 아프고, 걸어가자니 막막하고, 휴대폰도 가진 돈도 없으니 어찌해야 좋을지 난감했다. 할 수 없이 길을 물어 낯선 동네로 빠져나와 겨우 택시를 잡았다. 택시 운전사에게 사정을 이야기한 후에야 마음이 놓였지만 여전히 무릎이 걱정되었다.

　　　무릎에 통증이 온 이유를 다각도로 검토해보았지만 그 이유를 알 수 없었다. 너무 무리하게 달렸나, 내리막에서 속도를 너무 높여 무릎에 충격을 주었나, 러닝화에 문제가 있는 건 아닐까. 집에 돌아와 무릎 부위에 얼음찜질을 하면서 당분간 달리지 않고 휴식을 취하기로 마음먹었다. 그리고 닳아버린 러닝화의 밑창을 확인하고는 신경이 쓰여 결국 새로운 러닝화를 구입하기로 결정했다.

04
겨울, 시련의 계절

엎친 데 덮친 격으로 악재가 이어졌다. 다행히 무릎부상은 일주일 넘게 휴식기를 가지면서 큰 걱정 없이 넘길 수 있었다. 하지만 12월로 들어서면서 한해 마무리를 맞아 업무가 늘어났고, 직장 동료의 허니문으로 다른 업무마저 처리하다 보니 도무지 운동할 틈이 보이지 않았다. 그뿐 아니라 연말의 잦은 모임과 술자리도 달리기를 어렵게 만들었다. 부상과 늘어난 업무와 과음으로 점점 더 달리기가 어려워졌고, 달리지 못하는 것을 당연하게 생각하게 되었다.

    달팽이 씨가 달리기에서 멀어진 또 다른 이유에는 갑작스럽게 추워진 날씨도 한몫 단단히 거들었다. 기온이 영하로 내려가면서 아침에 달리기를 한다는 게 점점 더 고역이 되었다. 달리기를 하는 데 추운 날씨가 생각지도 못한 복병으로 다가왔다. 그러다 보니 달리기를 하지 않는 날이 점점 늘어났다. 일주일에 겨우 한 번 한 시간 정도나 달릴까 말까 하는 상황이 반복되다 보니 점점 달리기의 감각이 몸에서 사라져가는 것이 느껴졌다. 달리기를 지속할지의 여부는 몸의 감각으로 판단할 수 있다. 그것은 매일매일 달려야 한다거나 계획된 훈련량을 충실히 이행해야 한다는 것이 아니라, 자신의 몸에 맞는 달리기의 감각을 유지하는 데 있었다. 달리기의 감각은 몸이 본능적으로 체득하여 유지하는 것이다. 그 감각이 조금씩 사라지면서 마라톤 풀코스 완주라는 목표 또한 점점 희미해져갔다. 그럴수록 목표를 달성하지 못할 것이라는 불안이 엄습했다. 무엇인가 새로운 도약이 필요했다. 지금 포기하기에는 너무 이르다. 달팽이 씨는 다시 마음을 다잡았다.

눈이 내리고 있었다. 간만에 내린 폭설로 세상은 조용히 북새통을 치르고 있었지만 휴일을 맞은 달팽이 씨는 숙취에서 좀처럼 깨어나지 못했다. 오후 늦어서야 겨우 정신을 차린 달팽이 씨는 창을 열고 쏟아지는 하얀 눈을 보면서 머리를 식혔다. 그러다 어머니의 성화에 못 이겨 주섬주섬 옷을 챙겨 입고 나가 마당과 대문 앞에 소복이 쌓인 눈을 속죄하는 심정으로 쓸었다. 쓸어도 쓸어도 계속해서 쏟아지는 눈을 왜 쓸어야 하는지 이해할 수 없었지만 달팽이 씨는 눈을 쓸었다. 속죄하는 데 굳이 이유를 따질 필요는 없으므로. 그렇게 간밤의 대취(大醉)를 눈 쓰는 것으로 속죄하고 나니 슬그머니 산책의 욕구가 당겼다.
장갑을 끼고 목도리를 두르고 모자를 쓰고 집을 나섰다. 살살 조깅 코스를 걸어볼 요량으로. 눈 내리는 한강둔치는 소설 속에 나오는 아득한 설국(雪國)이었다. 아무도 없는 도심의 설국을 한 발 한 발 걷다가 살살 뛰기 시작했다. 옷을 많이 껴입어 뒤뚱거리는 자세가 자연스럽지 못했지만 크게 불편하지는 않았다. 눈이 쌓인 노면도 미끄럽기보다는 담요가 깔린 듯 포근했다.

그렇게 눈밭을 콩콩 달리고 있자니 매섭게 몰아치며 시야를 어지럽히던 눈바람이 수그러들면서 금세 몸에서 땀이 나기 시작했다. 하지만 얼마 못 가 달리기를 멈춰야 했다. 옷을 많이 껴입고 오래 달릴 수가 없었다. 다시 걷기 시작했다. 가족들과 함께 눈밭에 나온 아이들이 눈싸움을 하고 눈 위에서 미끄럼을 타고 있었다. 눈이 녹아 길이 얼어붙는다면 아무래도 달리기는 무리일 것이 분명했고, 하루 이틀 사이 녹을 눈도 아니었다. 그럼 어떻게 해야 하지. 정녕 이대로 달리기는 나에게서 멀어지는 걸까. 그렇게 마라톤 풀코스 완주는 그림의 떡이 되는 걸까.

그러다가 달팽이 씨는 동네 헬스클럽으로 향했다. 세 달 끊어놓고 채 열 번도 가지 않은 헬스클럽이었지만 현실적으로 야외에서 달리는 것이 어렵다면 실내에서 달리면서 달리기의 감각을 유지하자는 생각에서였다. 지난번과 같은 실수를 반복하지 않기 위해 일단 한 달만 등록했다. 러닝머신 위에서의 달리기는 그다지 만족할 만큼 달리는 느낌을 전해주지는 않겠지만 그래도 추운 날씨와 얼어붙은 노면 때문에 달리지 않는 것보다는 나을 게 분명했다.

그렇게 마라톤 풀코스 완주 목표를 새롭게 되새기면서 달팽이 씨는 좀더 확실하게 구미가 당길 만한 당근을 스스로 걸어둘 필요성을 느꼈다. 확실한 동기부여, 거부할 수 없는 당근의 치명적인 유혹, 온 동네가 부러워할 만한 합당한 보상. 마라톤 풀코스 완주에 어울릴 전리품으로 뭐가 적당할까. 예전부터 가지고 싶었던 DSLR 카메라 중 눈여겨보고 있던 니콘 시리즈 중에 하나를 선물로 줄까, 아님 미루고 미루었던 일본 온천 여행을 가볼까, 미끈하게 잘빠진 MTB 자전거는 어때? 출퇴근용으로 타고 다닐 수도 있잖아. 달팽이 씨는 이런 얄팍한 회유와 당근으로 나태해지려는 자신의 의지와 협상을 시작했다. 그러면서 다시금 마라톤 풀코스 완주를 위한 전의를 불태웠다.

중간점검,
하프마라톤

하프마라톤 대회 참가를 위해 광장에 들어섰다. 경기 시작 1시간 전인 오전 9시에 지정된 장소에서 옷을 갈아입고 나와, 개인물품을 보관장소에 맡겼다. 꼼짝도 하기 싫을 만큼 추운 날씨에도 광장은 제법 많은 사람들로 붐볐다. 바람이 몰아치는 추운 광장에서 몸을 풀고 있는 사람들의 모습이 무척 생경했다. 이 추운 날씨에도 아랑곳하지 않고 빈바지에 반팔 셔츠를 입고 입김을 후후 불면서 달리기를 하는 이들도 있었다. 낯선 광경 속에 홀로 서 있는 스스로가 어색하고 부자연스러웠지만 서둘러 몸을 움직여야 했다. 가만히 있기에는 너무도 날이 추웠기 때문에. 그런데 가만히 보니 사람들은 몸에 커다란 비닐봉지를 하나씩 둘러쓰고 있었다. 김장 비닐봉지 같은 것을 우의처럼 머리에서부터 뒤집어쓰고 있었는데 한쪽에서 대회 스테프가 방풍용 비닐을 사람들에게 나누어주고 있는 모습이 눈에 들어왔다. 다른 사람들이 하는 모양새를 보아가며 눈치껏 비닐봉지를 뒤집어쓰고 나니 한결 추위가 가셨다. 비닐봉지 밑으로 파고드는 한기는 어쩔 수 없다 하더라도 직접 부딪혀야 하는 맞바람을 얇은 비닐봉지가 효과적으로 막아주었다.

두 번째 마라톤 대회 참가, 후배와 함께 10킬로미터를 달린 것이 전부였기에 마라톤 대회장에서 마주치는 모든 것이 신기하고 재미있었다. 한편으로는 혼자라는 사실이 무척 아쉬웠지만 또 한편으로는 혼자서 무엇인가에 도전하여 정면으로 부딪친다고 생각하니 뿌듯하기도 했다. 봄에 있을 마라톤 풀코스 완주가 목표였지만 중간 점검 차원에서 하프코스를 신청했다. 하프마라톤을 달려보지 않고 곧바로 풀코스에 도전한다는 게 아무래도 부담이 되었기 때문에.

출발 30분 전 단상 위에 오른 사회자가 마이크를 잡고 인사를 했다. "안녕하세요~" "안녕하세요~" 흥을 돋우는 사회자의 목소리를 따라 참가자들이 화답을 했다. 사회자는 추위를 쫓으며 이번 대회의 즐겁고 안전한 완주를 위해 함성을 질러보자고 제안했다. "다 같이 전방에 함성 10초간 발사" "와~" 목청을 돋우어 소리를 지르는 게 조금 부끄럽고 쑥스러웠다. 그것도 그런 것이 주위에 모인 사람들 모두 하나같이 경험 많은 노련한 러너로 보이는데 혼자만 처음 하프 대회에 참가한 초짜처럼 느껴졌기 때문이었다. 대회 시작을 알리는 개회사와 이어지는 식순으로 국기에 대한 경례와 애국가 제창, 그리고 나서 간단한 대회사와 축하인사가 뒤따랐다.

긴장한 탓이었는지 아니면 추위 탓이었는지 갑자기 화장실이 다급해졌다. 경쾌한 음악과 치어리더의 율동에 맞춰 춤을 추기 시작하는 사람들을 헤치며 화장실을 찾았지만 쉽게 화장실을 찾을 수 없었다. 중고등학교 시절 체력장 100미터 달리기 출발선에서 느꼈던 갑작스런 요의가 떠올랐다. 출발선에 서서 총성이 울리기를 기다리는 순간의 고요함과 그 고요함 속에서 짜릿하게 느껴지는 요의. 한 발의 총성과 함께 시작되던 질주와 골인, 그리고 마지막으로 울리는 함성. 달리기 경주 시작과 갑작스런 요의는 도대체 어떤 상관관계가 있는 걸까. 하지만 이런 의문은 화장실 앞에 길게 늘어선 줄을 보자 쉽게 풀렸다. 경기 시작 전의 요의는 인간에게 아주 보편적이고 자연스런 현상이란 걸.

화장실에 다녀왔지만 여전히 속이 불편했다. 괜히 아침밥을 먹었나 싶어 후회가 됐다. 하지만 또다시 화장실에 갈 시간적인 여유는 없었다. 하프였지만 제대로 된 마라톤 경기에 처음 참가하는 데서 오는 긴장과 불안 때문일 것이다. 그때 사회자가 함께 달리게 될 주위 사람들과 악수를 나누며 인사를 하자고 제안했다. 누가 먼저랄 것도 없이 주위 사람들이 손을 내밀었다. 그리고 눈을 맞추며 인사를 나누었다. "반갑습니다" "좋은 추억되시기 바랍니다" "꼭 완주하세요". 그리고 나서는 앞 사람의 어깨를 안마해주고 이어 앞사람이 뒷사람에게 안마를 해주었다. 그렇게 주위 사람들과 인사를 나누고 몸을 부비다 보니 긴장이 한결 가시는 것 같았다. 무척 새로운 경험이었다. 홀로 걷잡을 수 없는 불안에 싸여 있다 주위 사람들을 둘러보니 왠지 모르게 동지애가 느껴졌다.

몇 차례 장거리 훈련을 통해 거리에 대한 두려움은 어느 정도 가셨지만 첫 하프 대회 참가다 보니 걱정이 앞섰다. 계속해서 몸을 움직이면서 어떻게 레이스를 운영할지 머릿속으로 그려보았다. 훈련하던 대로 부담 없이 달리면 돼. 기록도 크게 신경 쓸 것 없어. 완주가 목표잖아. 일요일에 늘상 하는 LSD(장거리 훈련)라고 생각하고 달리는 거야. 10킬로미터까지는 천천히 부담 없는 속도로, 나머지 10킬로미터는 몸 상태를 봐가면서 천천히 레이스를 끌어올리고 마지막에 가서 최선을 다해 달리는 거야. 1차적 목표는 2시간 내외 완주, 2차적 목표는 2시간10분 내외 완주, 3차적 목표는 시간에 구애 없이 완주. 쫄 것 없어.

먼저 풀코스 주자들이 달려나가기 시작했다. 그리고 하프 참가자들의 행렬이 출발선으로 서서히 이동해나갔다. 몸에 뒤집어 쓴 비닐을 벗어 내던졌다. 하얀 입김이 다시금 짙어졌다. 모자를 다시 고쳐 쓰고 장갑을 낀 후 마지막으로 팔뚝에 밴드를 차고 MP3 이어폰을 귀에 꽂았다. 첫 하프마라톤 대회의 반주 음악은 파에 왕Faye Wong의 〈꿈꾸는 사람Dream Person〉과 마마스앤파파스Mamas and Papas의 〈캘리포니아 드리밍California Dreamin'〉이 삽입된 왕가위 감독의 영화 〈중경삼림〉 OST와, 무라카미 하루키가 달릴 때 즐겨 듣는다는 고릴라스Gorillaz의 앨범 〈지 사이드G-Sides〉와 그리고 블러Blur의 〈텐더Tender〉와 닉 케이브Nick Cave의 〈앤드 노 모어 샬 위 파트And No More Shall We Part〉와 마지막으로 광석이 형의 〈서른 즈음에〉와 〈너무 아픈 사랑은 사랑이 아니었음을〉. 러닝타임 2시간. 드디어 사회자가 출발 카운트를 시작하자, 참가자들 모두 힘차게 따라 외쳤다. 출발 총성과 함께 달팽이 씨는 플레이 버튼을 눌렀다. 그리고 나서 가슴에 단 배번에 입을 맞춘 후 출발선 전자매트 위를 통과했다. 그렇게 달팽이 씨의 하프마라톤이 시작됐다.

서른 살, 내 인생의 첫 마라톤

내 인생의
첫 마라톤

준비는 끝났다. 마라톤 풀코스 출발선, 여기까지 오는 데 참 오랜 시간이 걸렸다. 어려움과 즐거움도 있었다. 부상과 미흡한 훈련으로 마라톤을 포기할까도 생각했다. 하지만 나태해진 마음을 추스르고 동네 헬스클럽과 한강둔치 달리기를 병행하면서 추운 겨울의 고비를 넘겨 하프마라톤을 완주했다. 그리고 지속적인 달리기 훈련을 통해 결국 42.195킬로미터를 달리는 출발선에 섰다. 어찌 보면 여기까지 오기 위한 과정 자체가 하나의 마라톤이었다는 생각이 들었다. 하지만 여기는 끝이 아니다. '내 인생의 첫 번째 마라톤'이라는 긴 여정을 마무리 짓는 시작일 뿐이다.

긴장과 불안이 엄습한다. 수많은 사람들과 대형 스피커에서 울리는 소음에 둘러싸여 있지만 진한 외로움과 고독이 배어나온다.

애써 주위를 둘러보며 몸을 움직여보지만 긴장과 불안이 가시지 않는다. 과연 완주를 할 수 있을까, 또다시 쓸데없는 걱정이 몰려온다. 의식적으로 주위를 둘러보며 사람들의 표정을 살핀다. 즐거운 표정을 짓고 있는 사람들도 있지만 대부분은 마라톤 풀코스가 주는 압박을 고스란히 얼굴에 드러내고 있다. 변함없이 이동식 화장실 앞에는 기다란 줄이 늘어서 있다. 아마도 지금 나의 표정은 터지기 일보 직전의 풍선처럼 팽팽히 긴장되어 있겠지. 지난밤 제대로 잠을 자지 못한 게 걱정이 된다. 충분히 휴식을 취할 요량으로 일찍 잠자리에 들었는데 잠은 오지 않고 오히려 마라톤 완주에 대한 걱정과 불안을 키우기만 했다. 결국 한밤중에 산책을 하고 와서야 겨우 눈을 붙일 수 있었다.

마지막으로 경기 레이스를 머리에 그려본다. 하프 이상의 거리는 처음이기에 어떤 미지의 영역이 펼쳐질지 무척이나 떨린다. 승부처는 초반이다. 마라톤 완주에 실패하는 가장 큰 이유는 초반에 페이스를 조절하지 못해서라고 하지 않는가. 반환점을 돌 때까지 최대한 안정적인 페이스를 유지하며 천천히 달린다. 완주 목표 시간은 다섯 시간 이내, 달리다가 무리가 되면 목표를 과감히 수정한다. 시간에 관계없이 완주. 절대 포기하거나 회송차량을 타는 불상사가 일어나서는 안 된다. 심호흡을 한다. 골인지점을 통과하는 모습을 상상해본다. 참으로 기분 좋은 상상이다. 자, 이제 다섯 시간의 고요하고 아름다운 명상으로 들어가자.

무리를 지어 출발한 지 얼마 되지 않아 길은 길게 늘어선 러너들로 띠를 이룬다. 어색하던 몸놀림과 호흡이 빠르게 안정되어간다. 수많은 사람들이 추월을 하고 또 수많은 사람들을 추월한다. 그러나 추월하는 것도 추월당하는 것도 그리 문제되지 않는다. 중요한 것은 자기의 페이스를 찾아 유지하는 것이다. 주위를 둘러본다. 실로 다양한 사람들이 함께 달리고 있다. 강건함을 뽐내는 백발이 성성한 노인부터 달리기와는 어울리지 않는 특이한 복장으로 마라톤을 축제의 장으로 만들고 있는 사람, 둘이 함께 보폭을 맞추어가며 달리는 부부와 직장이나 동호회에서 단체로 참가한 사람들, 가족의 안녕과 행복을 기원하는 각자의 사연을 적어 등에 달고 달리는 사람들도 있고, 시각장애인과 동반주를 하는 이들도 있다. 모두들 완주라는 공통의 목적을 가지고 있지만 그들은 경쟁자라기보다는 차라리 협력자에 가깝다.

노란 풍선을 어깨에 매단 5시간 페이스메이커를 뒤따르는 무리에 끼어든다. 내가 속한 그룹의 노란 풍선만 끝까지 쫓아갈 수 있다면 다섯 시간 내에 마라톤을 완주하게 된다. 이렇게 생각하자 마음이 조금 편해진다. 하지만 얼마 못 가 페이스가 흐트러진다. 알맞은 속도를 찾아 무리를 앞질러나간다. 레이스 초반이라서 그런지 금방 다른 그룹의 4시간 30분 페이스메이커를 만난다. 경주 기록에 의해 출발 그룹이 나뉘어 배정되는데 그룹 내에서도 다양한 시간대의 페이스메이커들이 있다. 따라서 자신이 속한 그룹에서 자신의 완주 시간대에 알맞은 페이스메이커를 찾아 함께 달리는 것은 좋은 레이스 전략이 된다. 하지만 왠지 만족스럽지 않다. 역시 무리를 지어 달리는 것은 체질적으로 안 맞는다. 완주도 좋지만 그 완주를 다

른 사람의 뒤꽁무니를 쫓아하는 건 썩 내키지가 않는다.

　　10킬로미터 지점에서 두 번째 음료수 보급대가 보인다. 자원봉사자들로 보이는 여학생들이 손에 든 종이컵을 러너들에게 건넨다. 그러고는 힘차게 파이팅을 외쳐준다. 제자리에 멈추어 서서 물을 마시는 사람도 있고, 건네는 컵을 날렵하게 낚아채어 달리면서 마시는 사람도 있고, 제자리뛰기를 하면서 물을 마시는 사람도 있다. 귀여운 여학생과 눈이 마주친다. 학생이 종이컵을 건네며 파이팅을 외쳐준다. 종이컵을 움켜쥔다. 미소가 번진다. 천천히 숨을 고르며 물을 마신다.

　　한 중년 여성 주자와 앞서거니 뒤서거니 하며 달린다. 나이가 꽤 많이 들어 보이는데도 달리는 폼이 예사롭지가 않다. 여성 주자가 앞질러나간다. 객기 어린 승부욕이 발동한다. 속도를 높여 다시 여성 주자를 추월한다. 하지만 얼마 못 가 또다시 추월당한다. 안정… 안정… 너의 페이스를 찾아… 기록은 중요하지 않아, 라고 주문을 외운다.

　　약간의 허기가 느껴진다. 아침밥을 제대로 먹지 않은 게 완주에 영향을 미치는 것은 아닌지 걱정이 된다. 경기 시작 두 시간 전에 식사를 하는 게 좋다고 했지만 긴장 때문인지 도무지 먹을 수가 없었다. 그래도 무엇이라도 먹지 않으면 안 될 것 같아 초코바 하나로 아침식사를 대신했다. 하지만 걱정할 필요 없다. 초코파이와 바나나를 먹을 수 있는 곳이 멀지 않다. 그러니 힘을 내자.

　　반환점을 돈다. 잔뜩 긴장했는데 어렵지 않게 반환점을 돌았다. 초코파이 두 개와 바나나 하나를 먹고 나자 왠지 모르게 힘이 솟는 것 같다. 걱정을 많이 했는데 지금까지의 몸 상태를 보면 풀코스도 별것 아닌 것 같다. 서서히 속도를 높여본다. 쏟아지는 햇살에 기분이 좋다. 땀과 호흡 속에서 쾌적하게 휘발되고 있는 존재감이 느껴진다. 지금부터는 달려본 적이 없는 미답지의 영역인 셈이지만 그다지 걱정이 되지 않는다. 러너스하이처럼 이대로라면 영원히 달릴 수 있을 것 같다. 하지만 긴장을 늦추어서는 안 된다. 마라톤의 벽은 32킬로미터부터 시작이다. 몸 상태가 언제 어떻게 변할지 장담할 수 없다. 속도를 줄일 필요가 있다. 하지만 한번 붙은 탄력을 죽이기가 싫다. 그냥 나아간다. 그래 한번 가보는 거야.

정확히 32킬로미터 지점에서 쥐가 났다. 허벅지 경련… 뒤틀리는 종아리 근육. 어느 정도 예상은 하고 있었지만 생각보다 고통은 컸다. 언제나 그렇듯 고통은 예상 밖에 있다. 살아 숨 쉬는 게 지속적인 고통의 연속이라면(물론 고통이 삶의 전부는 아닐 테지만) 삶 또한 예상 밖의 일이다. 제아무리 예측하고 설계하고 로드맵을 따라 실천한다고 해도 삶은 빗나가고 고통은 가중된다. 삶이라는 불확실성의 바다, 그 바다에 던지는 아름다운 그물. 그 그물로 우리들이 길어 올리고자 하는 것은, 길어올릴 수 있는 것은 무엇일까. 알 수 없다. 죽을 때까지. 하지만 그 아름다운 그물질을, 아름다운 고통을 멈출 수는 없다. 죽을 때까지. 그밖에 우리들이 할 수 있는 게 뭐가 있을까? 사랑? 이런… 사랑만 한 고통이 또 어디 있다고… 그렇게 아름답고 고통스런 그물코가 어디 있다고… 이제 그만 회송차를 타야 할까, 더 이상 고통이 내 존재감을 위무하지 못하고 더 이상 고통이 내 열락을 담보하지 못한다면, 이제 그만 레이스를 끝내버릴까. 젠장, 어쩌다가 회송차량을 놓친 거야.

　　멈추어 스트레칭을 하고 있자니 인라인 순찰대원이 다가와 스프레이를 뿌려주고 다리를 풀어준다. 반환점 이후 페이스를 올린 것이 경련의 이유가 되었는지 모르겠다. 허벅지와 종아리를 마사지 한 후 호흡을 고르고 발을 내딛는다. 내딛는 걸음걸음 경련과 통증이 느껴진다. 속도를 현저하게 늦추자 경련과 통증이 미세해진다. 완주 후에 맛보는 시원한 맥주 한잔과 맛 좋은 담배 한 모금을 상상하며 미세한 통증을 잊으려 노력한다. 그리고 무엇으로 허기진 배를 채울지 생각할 수 있는 모든 메뉴를 떠올려본다.

　　길가에서 박수를 쳐주며 아낌없이 응원하는 사람들, 이들의 박수와 격려의 구호는 러너의 고갈된 에너지를 재충전하게 만드는 마지막 에너지. 하이파이브를 해주고, 연도에 늘어서 물을 건네는 사람들을 따라 골인지점이 있는 스타디움이 점점 가까워진다. 지금까지 달리면서 도대체 무슨 생각을 한 것일까. 스타디움에 들어선 나는 마지막 남은 힘을 쏟아부으며 힘차게 트랙을 돈다. 모든 소리들이 사라진 진공 같은 공간을 가로지르는 기분이 더할 나위 없이 좋다. 이 아름다운 고통을 다시 만날 것 같은 강렬한 예감 속에서 나는 내 인생의 첫 번째 마라톤이 끝나는 순간을 가슴에 새긴다. 눈부신 하늘과, 힘차게 구르는 땅과, 그리고 거칠고 깊은 나의 숨소리를.

서른 살, 내 인생의 첫 마라톤

:: 에필로그 ::

달리기는 재미없다.

무척 힘들고, 외롭고, 고독한 행위다. 그러면, 왜 그토록 재미없는 달리기를 하는 걸까?

재미없는 걸 구태여 시간과 공을 들여 할 필요는 없다. 달리기에 대해 솔직하게 말할 수 있는 부분이 있다면 그것은 재미없는 게 달리기의 진짜 재미라는 것이다. 재미없는 게 인생의 진짜 재미이듯이.

재미없는 달리기의 진짜 재미와 재미없는 인생의 진짜 재미를 찾아야 하는 건 결국 우리들 각자의 몫이다. 우리의 생이 다하는 순간까지 멈추지 않을 들숨과 날숨으로 우리는 자기 자신만의 삶의 방식과 페이스와 리듬을 만들어야 한다. 그것을 통해 자신만의 가치와 의의를 찾을 수 있다면 우리는 생이 전해주는 무한한 기쁨과 축복을 느낄 수 있을지도 모른다. 고만고만한 우리들의 인생이 숨기고 있는 비밀을 찾아가는 아주 특별한 여행.

여기까지 오는 동안 도대체 뭘 어떻게 했는지 모르겠다. 하지만 어쨌거나 이제 끝났고, 이미 시작되었다. 지금 여기서 해야 하는 건 언제나 두 가지다. 끝내거나, 시작하거나. 아무튼 마침내 마라톤 결승선을 통과한 것이다. 기록? 그건 중요치 않다.

중요한 것은 끝까지 포기하지 않고 마쳤다는 것이다. 물론 레이스 과정과 결과가 만족스러운 것은 아니다. 아쉬운 점도 많이 남고, 심히 부족하다고 느껴 부끄러운 점도 깨닫게 된다. 그것은 앞으로의 길을 가기 위한 자양분이 될 것이다.

달리기에 관한 글을 쓰기 위해서는 달릴 수밖에 없었는데, 달리지 않고는 달리기에 대해 생각할 수 없었기 때문이다. 그건 생각지도 못한 행운이었다. 지금까지와는 전혀 다른 새로운 달리기를 할 수 있었고, 새롭게 달리기에 집중하면서 예전에 느끼지 못했던 달리기의 감각을 느낄 수 있었다. 개인적으로 달리기의 새로운 발견이었다. 내 인생의 달리기 시즌 2라고나 할까.

요즘 나는 걷기에 꽂혀 있다. 웬만한 길은 걸어다닌다. '뚜벅이'의 실존이 마냥 즐거운 것은 아니지만 그렇다고 하여 마냥 슬플 이유도 없다. 대부분의 사람들이 걸을 수 있다고 해서 모든 사람들이 걷기의 즐거움을 누리며 사는 것은 아니다. 하늘을 보며 길을 걷는다는 것은 무척 황홀한 일이다. 그것은 꿈을 꾸고, 상상하는 것이다. 지금 여기를 온전히 느끼면서 지금 여기를 초월한다. 가끔 그런 생각을 한다. 우리는 왜 걷고, 달리고, 꿈꾸고, 상상하는 걸까. 그 미지의 영역에서 '나'는 언제나 '너'를 만난다.

2011년 여름,
손끝에 닿지 않는 허공의 먼지를 늘 새롭게 연구·관찰하는 부악문원에서
정원진

부록

▶ **팀 녹스의 초보자 마라톤 풀코스 훈련 프로그램**

한 주에 160분을 훈련해서 10km 거리를 완주한 주자는 이 다음 26주간의 심화 기간 동안 표준 마라톤 거리를 완주할 수 있었다고 한다. 아래 프로그램은 1983년 당시 26명의 초보자를 처음 20분간의 걷기 연습부터 시작하여 36주간 내에 전체 마라톤 경주를 완주할 수 있도록 훈련하는 데 이용했던 프로그램을 팀 녹스가 약간 수정한 것이다.

초보자를 위한 마라톤 풀코스 훈련 프로그램

주	월요일	화요일	수요일	목요일	금요일	토요일	일요일
1	30분	–	30분	–	35분	25분	40분
2	–	25분	40분	–	30분	25분	30분
3	–	35분	30분	–	30분	25분	50분
4	–	20분	–	35분	–	20분	40분
5	–	40분	20분	–	45분	20분	60분
6	–	40분	20분	–	50분	20분	50분
7	–	30분	50분	–	50분	20분	70분
8	–	40분	50분	–	50분	20분	30분
9	–	50분	40분	–	60분	20분	80분
10	–	30분	55분	30분	55분	–	70분
11	–	60분	35분	60분	40분	–	90분
12	–	65분	40분	30분	40분	–	80분
13	–	60분	30분	50분	35분	–	100분
14	–	70분	40분	60분	40분	–	90분
15	–	70분	30분	60분	35분	–	110분
16	–	70분	40분	70분	30분	–	100분
17	–	70분	35분	70분	35분	–	120분
18	–	85분	40분	75분	40분	–	110분
19	–	80분	45분	70분	40분	–	130분
20	–	80분	40분	75분	25분	20분	120분
21	–	85분	35분	75분	20분	20분	140분
22	40분	80분	40분	40분	35분	–	130분
23	40분	90분	40분	90분	40분	–	150분
24	–	90분	40분	90분	40분	–	60분
25	40분	–	40분	30분	–	60분	20분
26	40분	20분	10분	–	–	–	경주

▶ 아트 리버만의 초보자 마라톤 풀코스 훈련 프로그램
(5시간 혹은 그 이상의 마라토너를 위한 초보자 프로그램)

이 훈련방법은 매주 4일간의 훈련과 3일간의 완전한 휴식을 포함한다. 중점은 주말의 장기 경주 훈련에 있다. 이 프로그램에서 성공하기 위해서 당신은 훈련과 경주에서 모두 자주 걸을 수 있도록 준비해야 한다. 리버만은 매 10분 달린 후에는 60초간 걷기를 제시한다. 운동을 좋아하는 사람들에게 권장되는 프로그램이다.

리버만의 5시간 혹은 그 이상의 마라토너를 위한 초보자 프로그램

주	월요일	화요일	수요일	목요일	금요일	토요일	일요일	주 전체
1	휴식	6km	휴식	8km	휴식	6km	16km	36km
2	휴식	6km	휴식	8km	휴식	6km	16km	36km
3	휴식	6km	휴식	8km	휴식	6km	16km	36km
4	휴식	6km	휴식	8km	휴식	6km	16km	36km
5	휴식	6km	휴식	8km	휴식	6km	16km	36km
6	휴식	6km	휴식	8km	휴식	6km	16km	36km
7	휴식	6km	휴식	8km	휴식	6km	16km	36km
8	휴식	6km	휴식	8km	휴식	6km	16km	36km
9	휴식	6km	휴식	8km	휴식	6km	16km	36km
10	휴식	6km	휴식	8km	휴식	6km	16km	36km
11	휴식	6km	휴식	8km	휴식	6km	16km	36km
12	휴식	6km	휴식	8km	휴식	6km	16km	36km

※ 리버만은 장거리 훈련은 달리기/걷기, 혹은 편안한 훈련 속도로 일정한 거리를 반복하여 달리기를 할 것을 주장하였다.

▶ 표준 마라톤 페이스 스케줄

거리	1km	8km	10km	16km	21km	32km	42.2km
3분		00:24:00	00:30:00	00:48:00	01:03:18	01:36:00	02:06:36
3분 10초		00:25:22	00:31:42	00:50:43	01:06:53	01:41:26	02:13:46
3분 20초		00:26:38	00:33:18	00:53:17	01:10:16	01:46:34	02:20:32
3분 30초		00:28:00	00:35:00	00:56:00	01:13:51	01:52:00	02:27:42
3분 40초		00:29:22	00:36:42	00:58:43	01:17:26	01:57:26	02:34:52
3분 50초		00:30:38	00:38:18	01:01:17	01:20:49	02:02:34	02:41:38
4분		00:32:00	00:40:00	01:04:00	01:24:24	02:08:00	02:48:48
4분 10초		00:33:22	00:41:42	01:06:43	01:27:59	02:13:26	02:55:58
4분 20초		00:34:38	00:43:18	01:09:17	01:31:22	02:18:34	03:02:44
4분 30초		00:36:00	00:45:00	01:12:00	01:34:27	02:24:00	03:09:54
4분 40초		00:37:22	00:46:42	01:14:43	01:38:32	02:29:26	03:17:04
4분 50초		00:38:38	00:48:18	01:17:17	01:41:25	02:34:34	03:23:50
5분		00:40:00	00:50:00	01:20:00	01:45:30	02:40:00	03:31:00
5분 10초		00:41:22	00:51:42	01:22:43	01:49:05	02:45:26	03:38:10
5분 20초		00:42:38	00:53:18	01:25:17	01:52:28	02:50:34	03:44:56
5분 30초		00:44:00	00:55:00	01:28:00	01:56:03	02:56:00	03:52:06
5분 40초		00:45:22	00:56:42	01:30:43	01:59:08	03:01:26	03:59:06
5분 50초		00:46:38	00:58:18	01:33:17	02:03:01	03:06:34	04:06:02
6분		00:48:00	01:00:00	01:36:00	02:06:36	03:12:00	04:13:16
6분 10초		00:49:22	01:01:42	01:38:43	02:10:11	03:17:26	04:20:22
6분 20초		00:50:38	01:03:18	01:41:17	02:13:34	03:22:34	04:27:08
6분 30초		00:52:00	01:05:00	01:44:00	02:17:09	03:28:00	04:34:18
6분 40초		00:53:22	01:06:42	01:46:43	02:20:44	03:33:26	04:41:28
6분 50초		00:54:38	01:08:18	01:49:17	02:24:07	03:38:34	04:48:14
7분		00:56:00	01:10:00	01:52:00	02:27:42	03:44:00	04:55:24
7분 10초		00:57:22	01:11:42	01:54:43	02:31:17	03:47:26	05:02:34
7분 20초		00:58:38	01:13:18	01:57:17	02:34:10	03:54:34	05:09:20
7분 30초		01:00:00	01:15:00	02:00:00	02:38:15	04:00:00	05:16:30
7분 40초		01:01:22	01:16:42	02:02:43	02:41:20	04:05:26	05:23:40
7분 50초		01:02:38	01:18:18	02:05:17	02:45:13	04:10:34	05:30:26
8분		01:04:00	01:20:00	02:08:00	02:38:48	04:15:00	05:37:36
8분 10초		01:05:22	01:21:42	02:10:43	02:52:23	04:21:26	05:44:46
8분 20초		01:06:38	01:23:18	02:13:17	02:55:16	04:26:34	05:51:32
8분 30초		01:08:00	01:25:00	02:16:00	02:59:21	04:32:00	05:58:42

시간

▶ **보스턴마라톤**(Boston Marathon)

1897년에 시작된 보스턴마라톤 대회는 런던마라톤, 로테르담마라톤, 뉴욕마라톤과 함께 세계 4대 마라톤 대회 중의 하나다. 올림픽 마라톤 다음으로 역사가 깊은 이 대회는 참가자의 자격을 제한하는데 현재는 연령대별 기록으로 제한한다. 이런 까다로운 참가 자격 조건과 결승점을 10km 앞두고 있는 '심장 파열 언덕(Heart Break Hill)'이라는 오르막길로 유명한 난코스로 인해 보스턴마라톤 대회 참가는 러너들에게 꿈이자, 영광으로 다가온다. (www.bostonmarathon.org)

    1947년 제51회 대회에 처음으로 참가한 대한민국의 서윤복이 2시간25분39초로 신기록을 세우며 1위를 하였고, 1950년 제54회 대회에는 손기정 감독의 인솔 아래 재도전하여 함기용(2시간32분39초), 송길윤(2시간35분58초), 최윤칠(2시간39분45초)이 1·2·3위로 입상하여 세계적인 화제가 되었으며, 2001년 4월 제105회 대회에서는 국민마라토너 이봉주가 2시간9분43초로 우승하는 등 대한민국과 인연이 깊은 마라톤 대회이기도 하다.

보스턴마라톤 연령대별 참가 자격(공인기록 기준)

남성		여성	
연령	기록	연령	기록
18–34세	3시간10분	18–34세	3시간40분
35–39세	3시간15분	35–39세	3시간45분
40–44세	3시간20분	40–44세	3시간50분
45–49세	3시간30분	45–49세	4시간
50–54세	3시간35분	50–54세	4시간05분
55–59세	3시간45분	55–59세	4시간15분
60–64세	4시간	60–64세	4시간30분
65–69세	4시간15분	65–69세	4시간45분
70–74세	4시간30분	70–74세	5시간
75–79세	4시간45분	75–79세	5시간15분
80세 이상	5시간	80세 이상	5시간30분

▶ 사하라사막 마라톤과 오지 마라톤

사하라사막 마라톤은 이집트 사하라사막에서 열리는 서바이벌 마라톤 대회이다. 아프리카 북부에 있는 세계 최대의 사막인 사하라사막은 약 860만km^2의 면적으로, 동서 길이는 약 5,600km, 남북길이는 약 1,700km이다. 대회의 코스는 해마다 주최 측에서 달리 정한다. 일반적으로 바위, 들판, 호수, 모래언덕을 포함하고 있으며, 작은 마을과 피라미드, 스핑크스 등을 지나간다. 모든 참가자들은 외부의 지원 없이 음식과 장비를 배낭에 메고 총 6개 구간 250km를 6박7일에 걸쳐 달려야 한다. 단, 생존에 필수적인 물은 하루 10리터를 공급받는다. 7일간 이틀은 80km 이상을 쉬지 않고 달리는 코스와 42.195km를 달리는 코스는 꼭 거치게 되며, 나머지 코스의 거리는 유동적인 편이다.

필수장비
배낭, 개인식량, 헤드램프, 예비램프 1개, 나침반, 안전핀, 칼, 호루라기, 알루미늄 담요, 모자, 선글라스, 러닝화, 방풍자켓, 나일론 타이즈가 필요하다.

그밖의 오지 마라톤
아타카마사막 마라톤 / 다이아몬드 울트라 마라톤 / 호주마라톤 / 고비사막 마라톤 / 타클라마칸사막 울트라 마라톤 / 아마존정글 마라톤 / 남극마라톤 등이 있다.

※ 사하라사막 마라톤 한국 에이전트 사이트(www.runxrun.com)에서 자세한 정보를 얻을 수 있다.

▶ 달리기 및 마라톤 관련 사이트

사이트명	사이트 주소	내용
대한육상경기연맹	http://www.kaaf.or.kr	협회
전국마라톤협회(전마협)	http://www.run1080.com	협회
마라톤온라인(전국대회정보)	http://www.marathon.pe.kr	정보
런다이어리(달리기훈련일지)	http://www.rundiary.co.kr	정보
e마라톤	http://www.emarathon.or.kr	정보
러닝라이프	http://www.runninglife.co.kr	정보/잡지
러너스클럽	http://cafe.daum.net/runners	동호회
클럽마라톤	http://www.clubmarathon.co.kr	동호회/정보
대한울트라마라톤연맹	http://www.kumf.org	협회
러너스클럽	http://www.runnersclub.com	마라톤용품
인조이런	http://cafe.naver.com/enjoyrun	마라톤용품
동아마라톤 대회	http://marathon.donga.com	국내대회
조선일보 춘천국제마라톤 대회	http://marathon.chosun.com	국내대회
중앙일보 서울국제마라톤 대회	http://marathon.joins.com	국내대회
보스턴마라톤 대회	http://www.bostonmarathon.org	해외대회
뉴욕마라톤 대회	http://www.ingnycmarathon.org	해외대회
런던마라톤 대회	http://virginlondonmarathon.com	해외대회
로테르담마라톤 대회	http://www.fortismarathonrotterdam.co.uk	해외대회
러너월드	http://www.runnersworld.com	해외정보/잡지

▶ 알아두면 좋은 달리기와 마라톤 용어

- **건타임**gun time제

마라톤 기록을 측정하는 한 방식으로 출발을 알리는 총성과 동시에 기록이 측정되는 제도로 일명 그로스 타임(Gross time)제라고도 한다. 이 경우 출발선의 뒤에 있는 참가자는 출발선을 통과하는 데 시간이 걸리기 때문에 그만큼 기록상으로 손해를 볼 수 있다. 이와 반대되는 개념이 칩타임(Chip time)이다.

- **글리코겐**glycogen

생체 에너지원의 하나. 간에서 만들어져 필요에 따라 분해, 소비된다. 근육에도 많이 존재하고 산소가 이 글리코겐을 태워 에너지원으로 사용한다. LSD 등의 훈련은 체내의 글리코겐을 효율적으로 사용하여 지구력을 높이기도 한다. 저장량이 많을수록 마라톤 등의 장거리 운동에서 유리하다.

- **기초대사**

사람이 살아가기 위해서 필요한 에너지소비량을 대사량이라고 하고, 그를 위해 필요한 최소칼로리를 기초대사라고 한다. 기초대사는 일반 성인남자의 경우 하루 1400칼로리, 여자의 경우 1200칼로리 정도이다. 기초대사가 높을수록 하루에 소비되는 에너지량은 많아지고 그만큼 먹어도 열량이 살로 가지 않게 된다.

- **라스트**last

발의 형태를 말한다. 발의 형태는 사람에 따라 가지각색. 발등이 높은 발, 폭이 넓은 발, 아치(장심)가 높은 발, 평발, 발가락이 긴 발, 짧은 발 등이 있고 또 이런 발들이 조합되어 무수히 많은 형태가 존재한다. 신발을 선택하기 전에 자신의 발 형태를 파악해두는 것이 좋다.

- **러너스 니**runner's knee

주자에게 많은 특유의 무릎부상. 달리기 중에 받을 수 있는 착지 충격은 체중의 약 2~3배라고 한다. 그 충격으로 야기되는 무릎 주변의 부상을 총칭하여 '러너스 니'라고 한다. 주자의 숙명적인 부상이지만 근력강화로 예방할 수 있다.

- **러너스하이**runner's high

달리기로 인해 얻어지는 도취감, 혹은 달리기의 쾌감을 말한다. 누구나가 그 상태를 경험하는 것은 아니고 스피드, 환경, 몸 컨디션 등 다양한 조건이 부합되었을 때 느낄 수 있다. 간단하게 달리는 것을 마음으로부터 즐겁게 느끼는 것을 말한다. 러닝 하이(running high), 조깅 하이(jogging high)라고도 한다.

- 마스터즈 masters

중년이나 고령의 사람들이 스포츠로 건강을 다지기 위해 활동하는 조직. 마스터즈 육상은 남자 35세, 여자 30세 이상을 정회원으로 구성하고, 5세 단위로 연령별 경기를 실시한다. 그러나 일반적으로 아마추어 동호인들을 마스터즈라 칭한다. 미국의 경우는 40세 이상의 주자를 마스터즈라 한다.

- 부정맥 不整脈

부정맥에도 운동선수 특유의 것과 심근염, 배대형심근증이라는 병에 의한 것이 있다. 운동선수에게 자주 나타는 증상은 안정 상태에서는 부정맥이 있다가 운동을 시작하면 없어진다. 어느 경우든 부정맥이 있으면 전문의에게 진단을 받아보아야 한다.

- 서브스리 sub-3

풀코스 마라톤을 3시간 이내에 완주하는 것. 3시간 이내에 42.195km를 완주하는 것은 1km를 4분20초 전후, 5km를 21분 전후로 달렸다는 것이 된다. 3시간 이내에 풀코스 마라톤을 완주하는 서브스리 달성은 아마추어 동호인에게는 최고의 영예다.

- 스트라이드 stride

한 발짝의 보폭을 말한다. 육상경기용어로 달릴 때 한 걸음의 보폭. 스트라이드의 폭은 결국 근육의 강도로 결정되지만 신장보다 30~40cm 정도 짧은 폭이 기준이다.

- 스트라이드주법

스트라이드주법이라는 것은 한 발짝 한 발짝을 넓은 보폭으로 달리는 방법이다. 그 반대는 피치주법으로 비교적 짧은 보폭으로 달리는 방법.

- 심장박동훈련(심박트레이닝)

훈련의 강도를 심박수를 기준으로 실시하는 훈련. 심박수는 시판되는 심박계로 측정하는 것이 일반적. 일정한 심박수를 기준으로 하는 것으로 스피드를 지나치게 내거나 또 지나치게 느리게 달리는 것을 객관적으로 알 수 있다.

- 아킬레스건

장딴지의 굽힘근을 발뒤꿈치의 뼈에 연결하는 인체에서 가장 큰 건. 잘못된 착지

동작이나 과로가 통증을 유발한다. 이와 같은 상태에서 과도한 훈련은 금물이다. 아킬레스건은 한 번 손상되면 회복이 어려워 달리기 생명을 단축한다.

- **AT** Anaerobic Threshold, 무산소작업역치

  유산소운동도 그 강도를 올려가면 이윽고 무산소운동의 영역에 다가가게 된다. 그 임계점(경계선)이 AT로 '무산소작업역치'라고 번역할 수 있다. 달리기도 AT의 수준에서 실시하면 최대산소섭취능력이 향상된다.

- **LSD** Long Slow Distance

  긴 거리를 시간을 두고 천천히 달린다는 의미로 아마추어 주자에게는 친숙한 훈련법의 하나. 롱조깅(long jogging)과 같은 의미이다. 여기서 '천천히'라는 것은 전력질주의 약 60퍼센트 정도의 스피드로 고저가 없이 고른 페이스로 달리는 것을 말한다. 거리를 기준으로 삼기보다는 30분, 60분 등 시간을 늘려가는 방법으로 장거리를 소화해내는 것이 바람직하다.

- **LT** Lactic-acid Threshold

  보통 'LT페이스'라고 일컬어진다. 이는 피로물질인 유산(젖산)이 혈액 중에 급증하기 시작하는 속도를 말한다. 유산이 체내에 축적된다는 것은 글리코겐이라는 당이 에너지원으로 활발히 사용되는 상태를 말한다.

- **염좌**

  관절의 기능범위를 넘은 운동에 의해 관절 주위의 인대, 관절포 등이 손상을 입은 경우를 말한다. 즉 삐는 경우다. 가벼운 염좌는 부기는 거의 없으나 중증이거나 안에 출혈이나 부기가 심하여 관절이 흔들리는 경우도 있다. 초기 치료는 정도에 관계없이 얼음으로 환부를 찜질한 다음 붕대로 압박하고 테이핑으로 고정하여 안정시킨다.

- **과회내** overpronation

  착지한 발이 과도하게 안쪽으로 구르는 상태를 말한다. 인대나 건의 손상이 발생할 수 있으므로 주의를 요한다. 최근에는 회내를 방지하는 서포터 기능이 탑재된 신발도 출시되고 있다. 거꾸로 착지한 발이 바깥쪽으로 구르는 상태를 오버서피네이션 oversupination이라고 한다.

- **완급주**緩急走

  트레이닝의 한 방법. 예를 들어 1600m를 달릴 경우 처음 400m는 가볍게, 다음

800m는 빠르게, 다음 200m는 페이스를 떨어뜨리고, 마지막 200m는 전력질주하는 등 스피드를 향상시키고 페이스 변화에 대처하는 능력을 배양하기 위해 실시하는 연습방법. 인터벌 훈련과 비슷하다.

- **유산소운동** aerobics exercise
체내의 산소를 소비하는 운동을 10~15분간 계속해서 실시하고, 신체의 산소이용 능력을 높이고, 그 결과 전신지구력을 강화하는 훈련방법을 말한다. 조깅은 대표적인 유산소운동이며, 100m 단거리 달리기 등 단시간에 체내의 산소를 사용해버리는 운동을 무산소운동이라 한다.

- **족저근막염**
족저근막은 발바닥의 아치를 형성하는 부분의 근으로 달릴 때의 충격을 흡수해준다. 또 아킬레스건과도 연결되어 있어 스트레스를 받기 쉽다. 과도한 충격의 결과 발생하는 이 부분의 지방조직의 염증이 족저근막염이다.

- **최대산소섭취량**
체내에 섭취할 수 있는 산소량의 최대치. 전신적인 운동을 8분 정도 몸에 최대의 부하를 가했을 때 개인의 최대치를 얻을 수 있다. 장거리 달리기에서는 이 값의 대소가 기록에 반영된다. 일반 남자의 평균치는 40㎖/kg·분이지만 일류 선수는 80㎖/kg·분을 초과한다.

- **칼로리** calory
식품의 영양가를 표시하는 단위로 일반 성인이 하루에 소비하는 칼로리는 약 2000Cal정도이다. 달리기로는 속도에 관계없이 1km를 달리면 체중분의 칼로리가 소비된다고 한다.

- **카보로딩** carbo-loading, 탄수화물 축적하기
마라톤 등을 달릴 때 대회 후반의 스태미너 고갈을 막기 위해 실시하는 식사법. 체내의 글리코겐을 일단 고갈시키는 고강도 카보로딩 방법도 있으나 보통 대회 3~4일 전부터 밥, 빵, 면류 등을 중심으로 한 고당질식으로 전환하는 '소프트 카보로딩'이 아마추어 주자에게는 더 적합하다.

- **트라이애슬론** triathlon
'철인3종경기'로 불리는 트라이애슬론은 라틴어의 '3'을 뜻하는 'tri'와 경기를 의미하는 'athlon'의 합성어. 수영, 사이클, 달리기 세 종목을 잇달아 하는 경기이다.

코스는 수영 1.5km, 사이클 40km, 달리기 10km로 이뤄진 올림픽 코스와 수영 3.9km, 사이클 180.2km, 마라톤 42.195km 등 총 226.295km를 완주해야 하는 철인ironman코스가 있다. 올림픽 코스의 절반씩을 소화하는 스프린트 코스도 있다. 철인 코스를 기준통과 시간인 17시간 안에 들어오면 공식적으로 '철인' 칭호를 받게된다. 20여 년 전 미국 샌디에이고 해변에서 인명구조대원들이 고안했으며 지난해 시드니올림픽에서 정식종목으로 채택돼 캐나다의 사이먼 휘트필드와 스위스의 브리기트 맥마흔이 각각 남녀부 금메달을 따냈다. 국내에서는 연간 10여 차례의 대회가 열린다.

- 파틀렉fartlek

스웨덴어로 자연의 지형을 이용하여 실시하는 별화를 주는 달리기. 일명 스피드플레이(speed play). 평탄한 장소는 조깅, 내리막길에서는 스피드 달리기, 오르막에서는 질주 등 다양한 주법을 구사한다. 훈련의 강도는 그날의 컨디션과 거리에 따라 각각 지형에서의 주법을 변화하는 것으로 다양한 변화가 가능하다.

- 하프마라톤half marathon

42.195km의 반인 21.0975km를 달리는 경기. 본래 마라톤이라는 것은 42.195km를 달리는 풀마라톤을 일컫는다. 따라서 국제적으로 20km, 10km, 5km 대회는 마라톤이라는 말을 쓰지 않는다. 우리가 단축마라톤이라고 부르는 것과 달리 그냥 레이스라고 한다. 따라서 5~20km 로드레이스(road race)를 마라톤이라고 일컫는 것은 정확하지 않다. 그러나 하프마라톤은 마라톤의 반이라는 의미로 마라톤이라는 말을 사용하는 것이 국제적으로 인정되고 있다.

서른 살에 처음 시작하는
달리기
ⓒ 정원진 2011

초판인쇄　2011년 6월 29일
초판발행　2011년 7월 8일

지은이　　　정원진
사진　　　　김종현, 황원
도움 주신 분　김찬걸, 고영은, 맥스짐

펴낸이　　　김정순
책임편집　　박상경
디자인　　　방상호 김덕오
마케팅　　　한승일 임정진 박정우

펴낸곳　　　(주)북하우스퍼블리셔스
출판등록　　1997년 9월 23일 제406-2003-055호
주소　　　　121-840 서울시 마포구 서교동 395-4 선진빌딩 6층
전자우편　　editor@bookhouse.co.kr
홈페이지　　www.bookhouse.co.kr
전화번호　　02-3144-3123
팩스　　　　02-3144-3121

ISBN 978-89-5605-532-9 10680

이 도서의 국립중앙도서관 출판도서목록(CIP)은 e-CIP 홈페이지(http://www.nl.go.kr/cip.php)에서 이용하실 수 있습니다. (CIP제어번호: CIP2011002671)